WINFRIED WAGNER
Die 30 x 30 besten schwäbischen Witze

W0039005

WINFRIED WAGNER

900 X LACHEN

DIE

30 x 30

BESTEN

SCHWÄBISCHEN

WITZE

Silberburg-Verlag

Winfried Wagner, 1949 in Metzingen geboren, gelernter Bankkaufmann, war Abteilungsleiter bei der Volksbank Metzingen, absolvierte 1972 bis 1976 ein Fernstudium an der Hamburger Autorenschule (Schriftstellerei, Journalismus, Film-, Funk- und Fernsehautor) und ist seit 1989 freier Schriftsteller, Humorist und seit 2006 auch Schauspieler.

1. Auflage 2016

© 2016 by Silberburg-Verlag GmbH,
Schönbuchstraße 48, D-72074 Tübingen.
Alle Rechte vorbehalten.
Umschlaggestaltung und Illustrationen: Björn Locke, Nürtingen.
Druck: Gulde-Druck, Tübingen.
Printed in Germany.

ISBN 978-3-8425-2003-5

Besuchen Sie uns im Internet
und entdecken Sie die Vielfalt unseres Verlagsprogramms:
www.silberburg.de

INHALT

30 Witze zu 30 Themen aus dem schwäbischen Alltag. Die Schwaben bruddeln den ganzen Tag bierernst vor sich hin? Ach was – dieses Buch beweist das Gegenteil. 900 Mal.

30 Jahre ist Winfried Wagner Mitarbeiter der Monatszeitschrift *Schönes Schwaben*. Fast seit der ersten Ausgabe steuert er Monat für Monat »Mai lieaber Fraind!« bei, die Briefe des knitzen Schwaben Eugen Emberle. Und ... jedes Mal eine ganze Seite mit frischen schwäbischen Witzen. Die besten hat er in diesem Buch versammelt – und einige mehr, die bisher nicht in *Schönes Schwaben* zu lesen waren. Vor über 30 Jahren hat Winfried Wagner als Humorist und schwäbischer Entertainer angefangen, mittlerweile hat er sich einen Namen wie Donnerhall geschaffen, auch als Schriftsteller, Theaterautor und schwäbischer Fernsehschauspieler.

30 Jahre *Schönes Schwaben*. Auch die Monatszeitschrift feiert Jubiläum. *Schönes Schwaben* ist das Magazin, mit dem man den Südwesten entdecken, mit dem man Land und Leute erleben kann. Mit Themen, die ans Herz gehen. Mit Fotos, die begeistern. Mit Reportagen aus dem Land, Porträts, aktuellen Tipps und viel Unterhaltung. Ein Jahresabo wird gern verschenkt, ein Probeheft gibt's unter www.SchoenesSchwaben.de

30 Jahre hat auch der Silberburg-Verlag schon auf dem Buckel. Hier erscheinen *Schönes Schwaben*, dieses Witzbuch und viele, viele andere Bücher, E-Books, Kalender und CDs. Alles beim Silberburg-Verlag dreht sich um Baden-Württemberg, vom Wanderführer bis zum Regionalkrimi, vom Kochbuch bis zum historischen Roman. Die ganze Vielfalt kann man auf www.silberburg.de entdecken. Die Bücher gibt's in jeder Buchhandlung. – So, und jetzt viel Vergnügen!

... wünscht der Silberburg-Verlag

Eine ältere Dame sitzt im Wartezimmer beim Arzt. Dann kommt ein junger Mann mit Glatze und Springerstiefeln herein und setzt sich grußlos ihr gegenüber. Die Frau mustert den Neuankömmling ausgiebig. Ärgerlich sagt der Bursche: »Was glotscht?« Sie antwortet mitleidsvoll: »Sie dend mir so leid!« »Worom?« »Ach Mensch, zerscht dui Chemo ond jetzt ao no orthopädische Schuha!«

Ein Schwabe bekommt eine alte und sehr teure Flasche Rotwein geschenkt, die er in seine Manteltasche steckt. Auf dem Heimweg stolpert er und fällt hin. Als er aufsteht, bemerkt er eine feuchte Stelle auf seiner Hose. »Bitte, lieber Gott«, betet er, »lass des Blut sai!«

Ein schwerer Wolkenbruch geht über die Schwäbische Alb nieder. Ein kleines Bächlein schwillt zu einem reißenden Gewässer an und schneidet dem Bergwanderer seinen Rückweg ab. Er spricht ein flehendes Gebet und versucht, den Bach zu durchqueren. Einen Schritt vor dem rettenden Ufer murmelt er vor sich hin: »Guck, s wär ao ohne Beta ganga.« Da rutscht er aus, fällt ins Wasser und kann sich gerade noch an einem tief hängenden Zweig aus dem Wasser retten. Dann sagt er grimmig: »Oh lieaber Gott, du vrschdohschd ao gar koin Schbaß!«

Zwei etwas betagtere Urlauberinnen haben sich auf der Schwäbischen Alb gehörig verlaufen. Um den Weg abzukürzen, öffnen sie ein Gatter und überqueren eine Weide. Plötzlich kommt ein wild gewordener Jungstier auf die beiden zugerannt. Sie laufen um ihr Leben. Auf einmal fällt der einen auf, dass ihre Freundin immer langsamer wird. Sie ruft zurück: »Hilde, om Gottes willa, lauf doch!« Da ruft die andere keuchend: »Mir ischs voll egal, i ka nemme! Lieaber a Kälble als an Herzinfarkt!«

Auf einem Flug von Stuttgart nach Mallorca kommt die Ansage der Chefstewardess: »Mir weisad Se dringend darauf hin, dass es sich um an Nichtraucherflug handelt. Für die Raucher onder Ihne machad mir nochher onsere Terrassatüra lenks und rechts auf ond zeigad dort den Film ›Vom Winde verweht‹!«

Ein alter Stuttgarter bummelt im Sonntagsanzug die Königstraße entlang. Plötzlich lässt eine Taube etwas fallen und beschmutzt seine linke Schulter. Wütend ruft er der Taube nach: »Do laufad so viel Tourischda rom ond du bleeds Viech muaschd ausgrechnad mi raussucha! Mir Schduagerder müassad doch zemmahalda!«

Zwei ältere Damen stehen am Waldfriedhof an der Straßenbahnhaltestelle. Sie steigen ein und setzen sich nebeneinander. Die Jüngere öffnet ihre Handtasche und beginnt sich die Lippen zu schminken. »Sagad Se amol, wie alt send Sie denn?«, keift da die Ältere. »Segsaziebzig Johr, worom frogad Se?« »Ond dann schminkad Sie sich no?« Das stinkt der Jüngeren gewaltig. Sie fragt zurück: »Worom, wie alt send Sie denn?« »Achtaachtzig Johr!« »Was?«, ruft da die Jüngere entsetzt. »Ond dann fahrad Sie no heim?«

Der Lokalreporter interviewt den Autor von Kriminalromanen nach einer Lesung in der örtlichen Bücherei: »Was haldad Sie selber für Ihr raffiniertestes Werk?« Der Autor lächelt: »Mai Steuererklärung!«

Der Maler sagt zu seinem weiblichen Aktmodell: »Heut hann i koi Luschd zom mola, mir trenkad a Glas Sekt mitnander ond schwätzad a bissle!« Plötzlich fährt ein Wagen vor. Der Maler ruft erschrocken aus: »Oh Mist, mai Frau kommt, schnell, ziehad Se sich aus!«

Ein Schwabe leidet an schweren Schlafstörungen. Man empfiehlt ihm einen Mann, der durch Suggestion heilt. Dieser sieht ihm tief in die Augen und befiehlt: »Siea send gheilt! Sagad Se, dass Siea gheilt send.« »I ben gheilt!«, ruft der Schwabe erleichtert aus. »Prima, des macht fuffzig Euro!« Der Schwabe sieht dem Heiler tief in die Augen und ruft beschwörend: »Siea send bereits von mir zahlt worda! Sagad Se, dass Siea bereits von mir zahlt worda send!«

Einer älteren Dame ist beim Überqueren der Straße die Tragetasche gerissen und einige Kilo Obst und Gemüse liegen auf dem Boden. Während sie mit zitternden Fingern die Lebensmittel aufliest, beginnt ein junger Mann in seinem Sportwagen wie wild zu hupen. Schließlich geht die Frau zu ihm hin und sagt sehr freundlich: »Wissad Se was, dass es schneller gohd, könndad Siea doch diea Sacha aufheba, no däd i so lang für Siea hupa!«

Der Popsänger kommt auf die Bühne, aber nur eine einzige Frau ist im Zuschauerraum. Geistesgegenwärtig sagt er: »Heut seng i bloß für di, main gröschder Fän!« Stirnrunzelnd antwortet die Dame: »No mach aber nora, i muass ao no s Treppahaus butza!«

Der junge, aufstrebende Schriftsteller hat einem alten, erfahrenen Autor seine Werke zur Begutachtung übersandt. Nun steht er vor dessen Tür und stellt ihm die Frage: »Was ka i doa, dass maine Werk ao onder d Leut kommad?« Gütig klopft ihm der alte Herr auf die Schulter und sagt: »Lassad Se doch oifach Konfetti draus macha!«

An einer Kirchentür war ein Schild befestigt mit der Aufschrift: »Wenn Sie Ihrer Sünden leid sind, kommen Sie einfach zu uns!« Darunter stand mit Lippenstift geschrieben: »Wenn ned, rufad Se oifach mi ah! Mai Handynummer ischd: …!«

»Wissad Se«, erklärt Trixi der Verkäuferin im Papierwarengeschäft, »main neuer Freund ischd Schriftsteller ond do suach i a nützlichs Gschenk.« Eifrig nickt die Angestellte: »Ja, ond wiea wärs denn mit ma Babierkorb?«

Frau Wilhelm kommt mit einer schweren Einkaufstasche aus dem Supermarkt. Ein Exhibitionist springt aus dem Gebüsch und reißt seinen Mantel auf. Da schlägt sie sich mit der freien Hand auf die Stirn und stöhnt:»Au Mist, jetzt hann i diea Shrimps vrgessa!«

Eine ältere Dame flaniert an einem Angler vorbei und fragt:»Ond, hod no nix ahbissa?« Der Angler, genervt:»Noi, ond bei Ihne?«

»Wiea hod denn der Häftling überhaupt ausbrecha könna?«, brüllt der Gefängnisdirektor wütend einen Wärter an. Bleich berichtet dieser:»Er hod da Schlüssl ghed.«»Hod er ihn gschdohla?«»Noi, ehrlich beim Skat gwonna!«

Die vergrämte Hausfrau vertraut sich ihrer langjährigen Haushaltshilfe an:»Annerose, denkad Se no, mai Ma hod a Vrhältnis mit sainer neua Sekretärin!« Die Angesprochene wird blass, beginnt zu zittern und haucht dann:»Gell, des schdemmt ned? Siea wellad mi doch bloß eifersüchtig macha!«

Ein Anrufbeantworter meldet sich: »I ben ned do, aber schwätzad Se ruhig drauf. I werd en maim Leba einige Vränderunga vornemma, ond wenn i ned zrückruaf, send Sie ein Teil von dene Vränderunga!«

Zwei Taschendiebe treffen sich. Fragt der eine:»Mensch, Willi, wiea gohd dirs denn?« Willi zuckt mit den Schultern:»Ha, wiea mers nemmt!«

Der Bewährungshelfer sagt zu dem Strafgefangenen am Tag seiner Entlassung: »I däd Ihne sehr gern helfa, do draußa!« Worauf der Häftling bedauernd den Kopf schüttelt: »Schdellad Se sich des ned so oifach vor. Diea Sicherheitssystem an de Tresor werdad emmer komplizierter!«

Der Vorsitzende der Vereinigung der Pilzsammler Baden-Württemberg verkündet das Ergebnis des Wettbewerbs für eine ›Hymne an die Pilzsucher‹: »Dr erschde Preis gohd an des Lied: ›Hurra, mir lebad no!‹«

Das Ehepaar Maierlohr hat Besuch. Nach dem Mittagessen wird ein kleiner Spaziergang eingelegt. Sie kommen an einer tollen Villa vorbei. Herr Maierlohr erklärt: »Des, was ihr do sehad, ischd ällas mit Schweigegeld finanziert worda!« »Ghörd dui Villa dr Mafia?«, will der Besuch wissen. »Noe, aber ema Schnullerfabrikanta!«

Der Untermieter hat Damenbesuch. Leise schleicht er an seine Zimmertür und reißt diese auf. Gebückt steht seine Vermieterin vor dem Schlüsselloch. »Sie hend wieder raiguckt zo mir!«, brüllt der Untermieter zornig. »Des ischd gar ned wohr!«, versucht die Vermieterin zu beschwichtigen. »Lügad Se ned! Ihne schdandad jo jetzt no d Hoor naus vor Entsetza!«

Ein Krimi-Fanatiker besticht die Platzanweiserin im Kino: »Wenn Se mir an bessera Platz gebad, kriegad Se ao a ordentlichs Trinkgeld!« Er wird mitten in der besten Loge platziert. Er reicht der Angestellten mickrige 20 Cent. Daraufhin flüstert diese ihm zu: »D Ehefrau hod ihn ombrocht!«

Kommt ein Schwabe in die Redaktion einer Zeitung und sagt: »Wenn Siea weiterhin en Ihrem Blatt schwäbische Witz druckad, en dene mir Schwoba als geizig nahgschdellt werdad, no ischs aber de längschd Zeit gwesa, dass i mir Ihr Zeitung ausglieha hann!«

Der Maler sagt zu seinem Modell: »Am liebschda däd i Siea nackad mola!« Worauf das Mädchen schüchtern erwidert: »Kenndad Se ned wenigschdens d Onderhos ahbhalda?«

Im Altenheim unterhalten sich zwei Bewohner. Sagt der eine: »An de Geburtsdäg merkt mers bsonders, dass ma alt ischd.« »Worom?« »Ha, weil de erschd Kerz auf em Geburtstagskucha scho ronderbrennt ischd, bis i de letschd ahzündad hann.«

Auf dem Land wird ein Motorradrennen veranstaltet. Mit dem Startschuss rasen die Motorräder los. Nur eine Maschine bleibt am Start stehen. Der Rennleiter geht zu dem Fahrer und fragt: »Worom bleibad Siea denn schdanda?« Der Rennfahrer schaut ihn wütend an: »Weil Siea Sembl mir da Vorderroifa zerschossa hend!«

Ein Mann torkelt zu vorgerückter Stunde in eine Bar, zieht sich an der Theke hoch und bestellt lallend beim Wirt: »An Schgodsch mit achd Eiswürfl.« Der Wirt brummig: »Glaubad Siea ned, dass des en Ihrem Zuastand zviel ischd?« Der Mann gibt nach: »Also guad, no bloß mit fümpf Eiswürfl!«

Herbert steht mit seinen Kumpels an der Bar und erläutert der Runde: »Wenn mai Frau sengt, gang i emmer glei auf da Balkon naus, om de Nochber zom zeiga, dass i se ned schlag!«

Ein angeheiterter Gast in einer Bar starrt die hübschen Zwillinge am Nebentisch an. »Koi Angst, Siea sehad ned doppelt, mir send eineiige Zwilling!«, sagt eine davon belustigt. Ungläubig fragt der Betrunkene: »Ja, älle vier?«

An der Bar sitzt ein völlig deprimierter Mann und kippt einen Cognac nach dem anderen. Der Barkeeper nimmt sich seiner an und fragt, was für ein Problem er denn hätte. Der Gast mit schwerer Zunge:»Ach, mai Konto hod sich oifach ned em Griff, des reagiert emmer völlig überzoga!«

Zwei Freunde an der Bar: »Woischd du, was dai Problem ischd?« »Noe.« »Du denkschd oifach zviel!« Der andere wiegt bedächtig seinen Kopf hin und her:»I hann ao scho drüber nochdenkt, wiea i des ändera könnt!«

Ein Mann erklärt an der Bar seinen Zechkumpanen:»En maim Beruf ischd koi Platz für Angschd. Sobald du Angschd zeigschd, bischd du erledigt!« Da fragt der Wirt neugierig:»Ja, was machad Siea denn beruflich?« Selbstbewusst gibt der Gast zur Antwort: »I ben Kendergärtner!«

Der Partygast fragt eine Dame an der Bar: »Wissad Siea, wer dieser aigebildade Lackaff do drüba ischd, wo so große Reda schwengt?« »Des ischd main Ma!« »Oh, Entschuldigung!« »Koi Ursach, des war main Fehler!«

Ein Mann hängt betrübt am Tresen einer Bar herum und trinkt ein Bier nach dem anderen. Der Barkeeper fragt ihn teilnahmsvoll nach seinem Kummer.»Ach wissad Se, am liebschda däd i mai Leba amol vorspula, bloß zom gucka, ob do wenigschdens no ebbas Vrnünftigs oder Sinnvolls drbei ischd!«

Zwei Ehemänner unterhalten sich an der Bar. »Wer hod eigentlich bei euch drhoim d Hosa ah?« »Mir hend des aufteilt. Mai Frau kommandiert d Kender rom, mi ond da Hond.« »Ja, ond du?« »I hann d Bluma übernomma!«

Zwei Freunde sitzen an der Bar. Einer davon sinniert vor sich hin: »I such hald a Frau mit Humor.« Worauf ihm sein Nebensitzer versichert: »A andera wirschd du ao ned kriega!«

An der Bar unterhalten sich zwei gut angeheiterte Männer: »Woischd du, was es bedeudad, wenn du zur Haustür raikommschd, zu ra Frau, wo di mag, di zärtlich zu dir ischd ond di leidaschaftlich küsst?« Da lallt der andere zurück: »Ha klar, dass du en ra andera Wohnung glandad bischd.«

Ein Lateinlehrer geht in eine Bar und bestellt: »Einen Martinus bitte!« Der Barkeeper verbessert ihn nachsichtig: »Siea moinad sicher an Martini?« Meint der Lateinlehrer ärgerlich: »Wenn i an Doppelta will, werd ihs Ihne scho saga!«

Am Tresen einer Gaststätte klagt Konrad ärgerlich: »Dui Gegend ischd wirklich schlemm. Mir send heut maine gesamte Tageseinnahma klaut worda!« Der Wirt fragt ihn mitleidsvoll: »Ond, wars denn arg viel?« »Ha, vierzehn Brieftascha!«

Kasimir grübelt an der Theke: »Älles Mögliche hend se scho erfonda, Bier ohne Alkohol, Kaffee ohne Koffein, Margarine ohne Fett, bloß an a Mitgift ohne Braut hod no koiner denkt!«

Zwei Männer sitzen an der Bar. Fragt der eine: »Derf i Ihne a Zigarett ahbieta?« »Noi danke, i hanns oimol probiert, aber des ischd nix für mi. I hann nie wieder graucht.« »Derf i Siea no zu ma Schnäpsle ailada?« »Noi danke, Alkohol hann i oimol probiert, des hod mir ned gschmeckt. I hann nie wieder Alkohol tronka.« »Was machad Sie denn dann do an dr Bar?« »I wart auf main Sohn, der ischd do Barkeeper.« »Aha, so wie i Sie kenn, ischd der dann sicher a Einzlkend!«

An der Bar lehnt ein Mann und sinniert: »Es ischd so furchtbar, en maim Beruf woißd ma niea, was dr nägschde Dag brengt.« Interessiert fragt ihn ein anderer Gast: »Ja, was send Siea denn von Beruf?« »Meteorologe!«

Zwei Männer starren an der Bar bedrückt in ihr Bierglas: »Ach je, do murmelt mr a baar Wörter auf em Standesamt, ond scho ischd ma vrheiradad.« Der andere Zecher nickt: »Ond no murmelt mr a baar Wörter em Schlof ond scho ischd ma gschieda!«

Am Tresen schüttet der Wirt einem Gast den Schnaps direkt in den Mund. Da fragt sein Nebensitzer verwundert: »Was war denn des grad?« »Seit maim schlemma Ohfall trenk i emmer so!« »Was denn für an Ohfall?« »I hann amol mit maim Ellaboga vrsehentlich an doppelta Korn omgschmissa!«

Gespräch an der Bar: »Fühlad Siea sich morgens ao emmer so zerschlaga, wenn Se am Obend vorher oin übern Durschd tronka hend?« »Noi, i ben Jonggsell!«

Zwei Männer stehen an der Bar. Sagt der eine nachdenklich: »I hann scho seit a baar Johr koin Sex mehr.« »Oh, Zölibat?«, fragt der andere. »Noi, vrheiradad!«

Der Bar-Pianist spielt italienische Melodien. Ein Gast wischt sich ständig die Tränen aus den Augen. Mitfühlend fragt ihn der Pianist: »Send Siea Italiener, weil Siea so heulad?« »Noe«, schluchzt dieser, »i ben Musiker!«

Peter ist zu einer Silvesterfeier eingeladen. Mit leuchtenden Augen betrachtet er die hervorragend bestückte Bar, dann geht er zum Gastgeber und schüttelt ihm innig die Hand. Dieser wundert sich: »Siea wellad doch ned etwa scho wieder ganga?« »Noi, gwieß ned!«, erwidert Peter. »Aber i möcht mi für Ihr Ailadung bedanka, solang i Siea no erkenna ka!«

Zwei Männer stehen am Tresen einer Bar. »I ben mit mainer Ehe zfrieda!«, sagt der eine. »I hann gheiradad, weil ihs satt ghed hann, maine Hemda selber zom wäscha ond bügla, d Wohnung zom sauga ond Fertiggericht aus dr Dos zom essa!« »Des ischd scho komisch«, meint der andere kopfschüttelnd, »grad deshalb hann i mi scheida lassa!«

Ein frisch verheiratetes Ehepaar kommt in eine Bar. Der Barkeeper zwinkert der Frau lächelnd zu. Der Ehemann hat es bemerkt und fragt misstrauisch: »Wer ischd denn des?« Die Ehefrau: »Jetzt fang du ned ao no ah. I werds scho schwer gnuag hann, dem zom erklära, wer du bischd!«

Nach etlichen Mixgetränken an der Bar fasst sich Alexander ein Herz und spricht die Dame neben ihm an: »Frailain, amol ganz ehrlich, dädad Siea sich von ma wildfremda Menscha hoimbegleita lassa?« Entrüstet wehrt die junge Frau ab: »Nieamols, wo denkschd denn du na, main alter Fraind!«

Der Mixer an der Bar fragt seinen Gast: »Ihr Gläsle ischd leer. Möchdad Siea no oins hann?« Da schaut ihn der angesäuselte Mann erstaunt an und fragt: »Was om ällas en dr Welt soll i denn mit zwoi leere Gläser?«

Der Barkeeper sagt zu einem Gast: »Guckad Se mol, des jonge Mädle mit dene hautenge Hosa könnt doch glatt an Bua sai!« »Des ischd dr Gernot, main Jonger!« »Hoi!«, staunt der Mann hinter der Bar. »No send Siea also dr stolze Vatter?« »Noe«, antwortet der Gast, »i ben sai Mutter!«

Der Manager sitzt in einer Hotelbar und fragt den Barkeeper misstrauisch: »Sagad Se mol, Roberto, was dend Siea eigentlich zerscht nai, da Whisky oder des Sodawasser?« »Den Whisky natürlich! – Wieso?« »No hann i jo no dui Chance, dass i zo ihm vorstoß!«

Der Johann vom Land hat noch etwas Zeit, bis sein Zug fährt. Er geht in die Bahnhofsbar und bestellt: »An Martini bitte!« Der Barkeeper fragt zurück: »Dry?« »Noe«, meint Johann bescheiden, »oiner langt!«

Ein Mann trinkt in einer Bar immer drei Bier. Irgendwann erkundigt sich der Barkeeper, warum er denn immer gerade drei Gläser bestelle. Da meint der Mann: »I hann no an Bruder en Amerika ond oin en Australia ond für diea trenk i emmer mit.« Eines Tages bestellt der Mann jedoch nur zwei Gläser Bier. Der Barkeeper fragt daraufhin erschrocken: »Oh je, ischd denn oiner von Ihre Brüder gschdorba?« Da lächelt der Mann: »Noi, noi, aber i derf seit maim letschda Arztbsuch nix meh trenka!«

AUTOMOBILE

Eine ältere Dame fährt mit dem Auto die Straße entlang. Zwei Arbeiter steigen gerade hastig auf einen Telefonmast. »Angschdhasa!«, faucht die Dame beleidigt. »So schlecht fahr i no ao wieder ned!«

Der Vater ist sehr von seinem Sohn Simon enttäuscht: »I hann dir sogar a Auto vrsprocha, wenn du s Abitur beschtohscht, ond jetzt bischt du doch durchgfalla. Was hoschd du denn de ganz Zeit doa?« »I hann da Führerschai gmacht!«

Beim Autohändler fragt der Kunde: »Gebad Siea ao a Garantie auf Ihre Gebrauchtwaga?« Antwortet der Verkäufer: »Selbstverständlich, mein Herr. Mir garantierad Ihne schriftlich, dass diea Autos gebraucht send!«

Nach sechzig Fahrstunden, Erwin hat gerade einen Fahrschulwagen zu Schrott gefahren, fragt er seinen Lehrer: »Ond, wiea viel brauch i no, bis i endlich fahra ka?« Meint der Fahrlehrer mit resigniertem Blick: »No ohgfähr drei.« Erwin kann es nicht fassen: »Was, bloß no drei Schdond?« Da klopft ihm der Lehrer mitleidsvoll auf die Schulter: »Ned drei Schdond, sondern drei Autos!«

Karl-Heinz rennt wie wild die Straße herunter. Er trifft seinen Kumpel Erich und ruft: »Schnell, mir hod ebber mai Auto gschdohla, do vorna fährt er!« Erich rennt neben ihm her und ruft ihm keuchend zu: »Des ischd doch sinnlos, den vrwischad mir nemme!« Worauf Karl-Heinz zurückkeucht: »Do kennschd du aber mai Auto schlecht!«

Die Familie fährt mit dem Auto in Urlaub. »So«, meint der Vater irgendwann begeistert, »an Parkplatz hend mir endlich. Jetzt müssad mir hald bloß no gucka, en welcher Stadt mir send!«

Der Personalchef kommt mit bleichem, sorgenvollem Gesicht zum Firmenchef. Dieser erschrickt und fragt: »Was hend Se denn?« »I hann Angschd om mai Frau!« »Om Gottes willa, was hod se denn?« »Mai Auto!«

Eine Dame mittleren Alters hat mit ihrem Auto ein anderes Fahrzeug gerammt. Brüllt der Fahrer: »Z blöd zom Auto fahra! Hend Siea überhaupt a Fahrprüfung gmacht?« Da zischt die Dame beleidigt zurück: »Beschdimmt öfter als Siea!«

Der Emil vom Land fährt zum ersten Mal in eine Waschstraße. Er fragt den Einweiser, ob er dabei etwas falsch machen könne. Der verneint mit dem Hinweis, dass er sich eben genau an die Anweisungen auf den Schildern halten muss. Kurz darauf rennt der Fahrer patschnass heraus. Der Einweiser fragt konsterniert: »Was ischd jetzt bassiert?« Emil keucht: »Ha, do ischd doch gschdanda: ›Gang raus‹!«

»Ganz ehrlich, ischd an maim Auto überhaupt no ebbas zom retta?«, fragt Frau Kaiser mit besorgter Miene den Werkstattmeister. Der betrachtet den Wagen missmutig und brummt: »Mir könndad högschdens zwischa die boide Nummraschilder a neus Auto schrauba.«

Ein Autovertreter bemüht sich verbissen, einem Landwirt ein Auto zu verkaufen. Der zögert aber. Der Vertreter: »Schdellad Se sich doch mol vor, Siea dädad auf ra Kuha en d Stadt reita. Des däd doch bled ausseha?« Der Bauer nickt: »Genauso bled wärs, wenn i wegam Geld mai Kuha vrkaufa muass, ond däd des Auto melka!«

In der Kfz-Werkstatt: »Ist des Ihr Waga, Herr Mohn?« Da antwortet der Kunde: »Manchmol!« »Wieso bloß manchmol?« »Ha, wenn er frisch gwäscha ischd, ghört er mainer Frau, wenn a Tanzvrahstaltung ischd, ghört er mainer Tochter, wenn a Fußballspiel ischd, ghört er maim Jonga, ond wenn er auftankt oder repariert werda muass, ghört er mir!«

Der begeisterte Kunde geht zum Inhaber der Autowerkstatt: »Siea hend an fabelhafta Mitarbeiter. I hann ihm grad zuaguckt. Er hod koin Tropfa Öl vrschüttet. Er hod dui Haub ganz vorsichtig zuagmacht ond Fengerabdrück abgwischt. No hod er d Händ gwäscha, bevor er d Autotür aufgmacht hod, ischd aigschdiega ond ganz vorsichtig auf d Stroß nausgfahra.« »Koi Wonder«, nickt der Chef lächelnd, »des war ao sain oigener Waga!«

Die kleine Marie durfte ihren Vater Robert zum Autohaus begleiten, wo er neue Scheibenwischer erstand. Daheim angekommen fragte die Mutter, was sie denn gemacht hätten. Da erzählt Marie: »Dr Baba hod sich neue Klammera für saine Strofzettl kauft!«

Der Sohn hat den neuen Wagen seines Vaters schrottreif gefahren. Todunglücklich steht der Vater vor dem Wrack und schluchzt: »Wiea sieht denn mai schees neus Auto aus?« »Des ischd no gar nix!«, berichtet der Sohnemann eifrig. »Du heddeschd erschd amol den andera seha solla!«

Im Anzeigenblatt wird ein neuwertiger Mercedes für nur einhundert Euro angeboten. Der Glückliche, der es als Erster zu der Verkäuferin geschafft hat, fragt, wieso denn dieser Wagen so günstig zu haben ist. Da lächelt die alte Dame genüsslich: »Ach wissad Se, mai vrschdorbener Mann hod da Erlös von dem Waga sainer Sekretärin vrmacht!«

Als die Ehefrau endlich den Wagen geparkt hatte, sagt der Mann zu ihr: »Des langt so. Da Rescht bis zom Trottwar könnad mir gut z Fuaß ganga!«

»Lugabeidl!«, schimpft Frau Keller ihren Mann aus. »Du willscht mir weismacha, dass de so schbät hoimkommscht, weil daine Bremsa ned funktioniert heddad. Wenn des schdemma däd, heddeschd du jo no viel schneller drhoim sai müssa!«

Ilona kommt von ihrer dritten Fahrprüfung zurück. Gespannt fragt die Mutter: »Ond, hoschd dain Führerschai endlich grieagt?« Die Tochter zuckt betrübt die Schultern. »Bis jetzt no ned. Dr Prüfer liegt no em Koma!«

»Bremsa! – Brems doch!«, schreit der Ehemann seine Frau an. Doch die gibt Vollgas. Wie sie aus dem Fahrzeugwrack herauskriechen, fragt er kreidebleich: »Worom hoschd du denn ned bremst?« »Weil i mi von dir ned ahschreia lass!«

Ein Golffahrer, der einem Mantafahrer in die Seite gefahren ist, gibt dem Mann den Rat, er brauche nur in den Auspuff zu blasen und schon glätte sich die Beule wieder aus. Kurze Zeit später überholt ihn wild hupend der Mantafahrer und teilt ihm mit einem schwarzen Rußrand um den Mund mit, dass das nicht geklappt hätte. Der Golffahrer erwidert: »Des ka jo ao ned klappa, Sie Dommerle, solang Ihre Fenschder offa send!«

Der Kollegenkreis hat sich in einer Weinstube getroffen und schickt sich nun an, spät in der Nacht die Heimfahrt anzutreten. Sieben Personen zwängen sich in einen Kleinwagen. Da ruft der Fahrer lallend: »Andreas, fahr ao du!« »Worom grad i?« »Weil du zua bsoffa bischd zom Mitsenga!«

Axel bringt seine Rostlaube zur Autowerkstatt. Der Meister sieht sich das Fahrzeug von unten an, hämmert ein wenig daran herum und sieht den Kunden mitleidig an: »Also, i möchts amol so formuliera, wenn des Auto an Gaul wär, däd i saga, gebad Se ihm da Gnadaschuss!«

Der Taxifahrer sagt zu seinem Fahrgast: »Bevor mir losfahrad, zeigad Se mir amol zerscht ihre Handflächa?« Der Kunde hält ihm die Hände hin: »Was soll denn des?« »Ach, wissad Se«, antwortet der Fahrer, »maine Bremsa send hee, deshalb fahr i heut bloß Leut, wo a langa Lebenslinie hend!«

Frau Enssle kommt völlig geknickt von der Führerscheinprüfung nach Hause und sagt zu ihrem Mann: »Des war klar, dass mi der Prüfer hod durchfalla lassa, der ka mi oifach ned leida!« Ihr Ehegatte versucht zu schlichten: »Woher willschd denn du des wissa?« »Ha, du heddeschd dem sain Blick seha solla, wo ihn diea Sanitäter wegtraga hend!«

Die erste Fahrstunde. Der junge Mann ist fürchterlich aufgeregt und zetert: »Diea Fußgänger laufad mir ständig vor em Auto rom!« Da beruhigt ihn der Fahrlehrer: »Jetzt fahrad Se zerschd amol vom Gehsteig ronder ond no werdad Se seha, dass des glei besser wird!«

Der Sohn bettelt seinen Vater an: »Du, Baba, derf i amol mit daim Audo fahra? I ben jo schlieaßlich alt gnuag drzua!« Der Vater schüttelt ablehnend den Kopf: »Du scho, aber mai Audo no ned!«

Der Ehemann fragt seine Frau: »Hoschd du s Auto glei en d Garasch naigfahra?« Sie zögert etwas mit der Antwort und meint dann: »Sag mr amol, jedenfalls s Wichtigschde drvo!«

Der Konzernchef erzählt seiner Frau: »Main Chauffeur hod mi jetzt scho viermol en Lebensgefahr brocht. Jetzt dur i ihm kündiga!« »Ach komm«, bettelt da seine Frau, »gib ihm doch nomol a Chance!«

Herr Brodbeck wird ins Krankenhaus eingeliefert. Die Schwester in der Patientenaufnahme fragt ihn: »Send Siea vrheiradad?« »Jo«, nickt Herr Brodbeck, »aber diea Vrletzunga send von ma Autoohfall!«

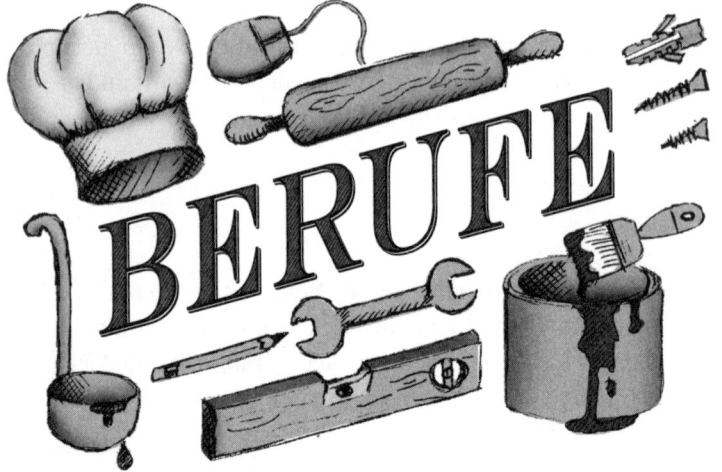

Ein schwäbischer Bauarbeiter transportiert mit seiner Schubkarre pausenlos und mit hohem Tempo eine Ladung Sand um die andere an die Baustelle. Der Kapo und der Bauunternehmer sehen sich das eine Weile an, dann meint der Kapo: »Chef, dem sollt mer wirklich mehr Geld geba, des ischd main bester Schaffer!« Der Bauunternehmer ruft den Mann zu sich und sagt ihm eine Lohnerhöhung zu. Do brüllt der Arbeiter los: »So, für des hend ihr Geld, dädad ihr lieber an größera Schubkarra kaufa, dass ebbas gschafft ischd!«

Nach dem Konzert wird der Schlagerstar von einem Mann angesprochen: »I freu mi, dass i Siea amol persönlich kennalern. Heut wars jo voll, aber sonschd send Ihre Konzert jo zemlich schlecht bsuacht, gell?« »Noe, diea send emmer älle total ausbuacht!« »Aber Ihr letschda CD ischd doch ned so richtig glaufa?« »Ond ob! Über a Million Mol vrkauft! Aber worom frogad Siea als Fan so komische Sacha?« »Wieso Fan? I bearbeite bei dr Steuerfahndung grad Ihren Fall!«

Der Meteorologe prophezeit im Radio: »Im Laufe des Tages werden örtlich starke Niederschläge auftreten!« In der Wetterstation angekommen wird er von seinem über Tabellen und Satellitenfotos gebeugten Assistenten gefragt, woraus er denn diese Wettervorhersage schließe. »Ach, wissad Se, i hann main Schirm vrgessa, s Auto frisch gwäscha ond ben zu ra Gartaparty aiglada!«

Der Astrologe fragt die Kundin: »Unter welchem Zeichen wurde das Kind empfangen?« Die junge Dame errötet etwas und antwortet verlegen: »Onder dem Schild ›Baden verboten‹!«

Kommt ein Sozialpädagoge zum Standesamt, um die Geburt seines Kindes anzumelden. Fragt der Standesbeamte: »Isch des an Bua oder a Mädle?« Da antwortet der Sozialpädagoge: »Lassad Ses mol offa. Des soll des Kend später selber entscheida!«

Bei einem Empfang kommen zwei gut situierte Männer ins Gespräch. »Derf i froga, was Sie beruflich machad?« »Jo gern, i leb von dr Schwerkraft!« Der andere denkt kurz nach und fragt: »No send Sie Physiker?« »Noi«, lächelt dieser, »i hann a Fabrik für Büstahalter!«

Ein schwäbischer Astronaut bereitet sich auf seinen Start ins All vor. Kurz bevor er die Raumfähre betritt, gibt er das Abschlussinterview. Ein Reporter stellt ihm die obligatorische Frage: »Wie fühlen Sie sich?« Der Astronaut schweigt einen Augenblick, seufzt dann und erwidert nachdenklich: »Ja Gott, wie soll i mi fühla? I woiß, dass i auf über hunderttausend Teile sitz, diea älle von Firma stammad, wo des niedrigste Ahgebot drfür abgeba hend!«

Zwei Rocker in Motorradkleidung kommen in eine Raststätte und schütten einem Fernfahrer seine Suppe über den Kopf. Der zahlt ruhig, steht auf und geht raus. »Was ischd denn ao des für an Lommel?«, fragt einer der streitsüchtigen Rocker. »Ond fahra ka er ao ned!«, ergänzt der Wirt. »Grad hod er beim Zrücksetza zwoi Motorräder zerquetscht!«

Ein Omnibus fährt frontal gegen einen Baum. Der Polizist, der den Unfall aufnimmt, fragt den Fahrer: »Wiea ischd denn des bassiert?« Der Busfahrer zuckt mit den Schultern: »Ehrlich, i hann koi Ahnung! Wos gscheppert hod, war i grad henda zom Kassiera!«

Der Fahrkartenkontrolleur geht durch das Zugabteil und ruft immer wieder den Satz: »Derf i diea anwesende Dama bitta, dass Se scho mol ahfangad, Ihre Handdascha zom durchsucha. I komm en ra halba Stond ond dur Fahrkarta kontrolliera!«

Zwei Computerfanatiker unterhalten sich über ihre Gesundheit: »I hann mai Ernährung total omgschdellt!« »Fend i guad!«, meint der andere. »Ond wie hoschd du des gmacht?« »Ha, dui Guck mit de Chips schdoht jetzt lenks von dr Tastatur statt rechts!«

Der Seminarleiter ruft mahnend in die Runde: »Wenn diea Herrschafta en de hendere Sitzroiha so leise wärad wiea diea, wo en de mittlere Roiha schlofad, no könndad diea Herrschafta do vorna ohgschtört mit ihre Handys telefoniera!«

Eine Frau kommt in die Metzgerei und fragt: »Ischd denn des Renderherz dohanna frisch?« Die Verkäuferin nickt bestätigend: »Selbstverständlich! Wenn Se sich beeilad, könnad Se no a EKG macha!«

Der Staubsaugervertreter kommt zu einem einsamen Bauernhof. Er verschüttet in Windeseile einen großen Beutel Staub und Dreck auf dem Boden und sagt stolz zu der entsetzt dreinblickenden Bauersfrau: »Ich werde jeden Krümel hier aufessen, den dieser Staubsauger nicht wegputzt!« »No wensch i Ihne an guada Appetit!«, sagt die Bäuerin mürrisch. »Mir hend nämlich do koin Strom em Haus!«

»Ond wiea schdohds mit em Kundadienst?«, fragt der misstrauische Kunde den Gebrauchtmotorradhändler. »Der ischd ganz großartig. Wer bei ons a gebrauchts Motorrad kauft, dem gebad mir gratis da neueschda Eisebahn-Fahrplan mit!«

Ein Ehepaar flaniert durch die Stadt. Da wird der Mann von einer außerordentlich attraktiven jungen Dame gegrüßt. Er grüßt sie freundlich zurück. Da zischt seine Gattin: »Woher kennschd du denn dui?« Er antwortet: »Beruflich.« Da giftet sie zurück: »Dain Beruf oder ihr Beruf?«

Herr Mannhardt fragt im Möbelgeschäft den Verkäufer: »Lieferad Siea den Schrank ao bereits aufbaut?« Der Angestellte bedauert: »Noi, des ischd an Schrank mit Selbstaufbau!« Der Kunde ist begeistert: »Klasse! Do ben i jo scho gschpannt, wiea der des macht!«

Der Malermeister fragt seinen kleinen Sohn: »Wann ischd denn d Mutter endlich fertig mit em Schminka?« Darauf der Kleine: »Da Onderputz hod se scho, se macht grad da erschda Ahstrich!«

Ein Mann kommt in ein Blumengeschäft: »I hedd gern hondert dunklrote Rosa, bitte.« Nach einem kurzen Blick auf den Ehering am Finger des Kunden haucht die Angestellte: »Ja om Hemmls willa, was hend Sie denn ahgschdellt?«

Der Zauberer ruft einen Jungen aus dem Publikum auf die Bühne. Dort gibt er ihm freundlich die Hand und sagt: »I werd jetzt mit dir a Experiment durchführa. Es stemmt doch, dass mir ons no niea gseha hend?« Der Junge nickt tapfer: »Jo, Baba!«

Der Reisende rennt zum Eisenbahnschaffner: »Könnad Siea mir saga, wie lang der Zug hält?« »Aber sicher doch«, nickt der Schaffner, »bei guader Pflege fenfazwanzig bis dreißig Johr!«

Der Fahrgast hechtet schwer atmend in ein Taxi: »Bitte fahrad Se mi, so schnell s gohd, auf da Flughafa noch Echterdinga, i muass dui Acht-Uhr-Maschee no krieaga!« Der Fahrer bedauert: »Au, des wird ned klappa, dui flieagt emmer arg pünktlich.« Der Fahrgast: »Heut ned, i ben nämlich dr Pilot!«

Eine Wahrsagerin hat sich mit ihrem Mann zu Bett gelegt. Da dreht sie sich zu ihm um und sagt: »Gibschd du mir bitte dai Hand, i möcht no a bissle lesa!«

Der Hörfunk-Programmdirektor fragt den leitenden Redakteur: »Was haldad Sie denn von mainer Nichte, der neua, blendend aussehenda Ansagerin?« Der Gefragte wiegt mit dem Kopf hin und her: »I halt se für a sehr viel versprechends Talent!«

Die Kundin fragt den Metzgermeister: »Hend Se no Truthähn do?« Er holt seinen letzten Truthahn aus der Kühltruhe und legt ihn auf die Waage: »Der wiegt drei Kilo!« Worauf die Dame nachhakt: »Hend Se ned no oin, wo größer ischd?« Er geht wieder nach draußen, kommt mit dem gleichen Truthahn herein und drückt unauffällig mit dem Daumen auf die Waage. »Vier Kilo!«, verkündet er zufrieden. »Prima«, freut sich die Kundin, »no nemm i glei älle zwoi!«

Der Juwelier schaut sich die Einhundert-Euro-Scheine etwas skeptisch an. Da beruhigt ihn die Kundin: »Entschuldigad Se bitte, wenn diea Geldschai a bissle nass send, aber main Ma hod so arg heula müssa, wo er se mir geba hod!«

Der Metzgermeister Klump ruft beim Arbeitsamt an: »I hätt gern a zuvrlässiga Vrkäuferin.« Die zuständige Sachbearbeiterin fragt zurück: »Derfs a ältera oder solls a jüngera Dame sai?« Worauf der Fleischer antwortet: »Des ischd egal, Hauptsach, se ischd Vegetarierin!«

Herr Hansemann fragt den Astrologen: »Moinad Se, dass es Ohglück brengt, an ma Freitag, dem 13., zom heirada?« Müde schaut ihn der Fachmann für Horoskope an: »Worom soll ausgrechnad der Dag a Ausnahm macha?«

Ärgerlich fragt der zuständige Sachbearbeiter im Arbeitsamt den Arbeitslosen: »I hann Ihne doch gestern a Stell zugwiesa, warad Sie ned dort?« »Doch, aber do war am Aigang an Schild ›Suche Arbeitskräfte beiderlei Geschlechts‹ ond jetzt frog i Sie, wer hod des scho?«

Seit Stunden beobachtet der Tankwart einen Mann, der sich ständig in unmittelbarer Nähe der Zapfsäulen aufhält und offensichtlich auf etwas wartet. Schließlich erkundigt er sich bei ihm: »Wieso schdandad Sie eigentlich de ganz Zeit dohanna rom?« Der Mann verzieht gequält das Gesicht: »Wissad Se, i will mir grad s Raucha abgwöhna!«

BÜRO ALLTAG

»**Herr Generaldirektor,** derf i Siea om d Hand von Ihrer Tochter bitta?«, stammelt ein blasser junger Mann im Büro seines Chefs. Wohlwollend betrachtet ihn dieser und fragt: »I hann fünf Töchter, welcha heddad Se denn gern?« »Des ischd mir wurscht, des überlass i Ihne!«

Ein Passant spricht einen Landstreicher an. »Wiea send Sie denn überhaupt zom Bettler worda?« Nachdenklich kratzt sich der Mann in den Bartstoppeln: »Ja, also ahgfanga hods aigentlich, wo i main Chef beim Tennis gschlaga hann!«

Die Chefsekretärin sieht, wie der Oberbuchhalter Müller barfuß an ihr vorbeigehen will, und spricht ihn darauf an: »Sie wellad doch ned etwa so zo onseram Boss nai?« »Natürlich!«, faucht der langjährige Mitarbeiter. »Glaubad Sie, i lass mir von dem wieder saine ganze Fehler en d Schuha schieba?«

Der Konzernchef lässt den Mitarbeiter Hausner kommen. »I hann ghört, Sie hend gestern an Stammhalter krieagt. Gratuliere! Mir hend über zwoitausend Mitarbeiter ond älle hends heut scho gwisst. I däd Sie gern en onser Marketingabteilung vrsetza!«

Der hoch verschuldete Hermann fragt einen Arbeitskollegen: »I ben finanziell a bissle knapp, könndeschd du mir ned fuffzig Euro leiha?« »Leider hann i koi Geld bei mir«, bedauert der Kollege. Doch Hermann hakt nochmals nach: »Ond drhoim?« Sagt der andere: »Danke, ällas wohlauf!«

Direktor Sailer führt das Einstellungsgespräch mit einer neuen Sekretärin: »Könnad Siea mir saga, worom Se Ihr letschda Schtell aufgeba hend?« Die Neue ist empört: »Was soll des? I frog doch Siea ao ned, woroms Ihr letschda Sekretärin bei Ihne ned ausghalda hod!«

Der Firmenchef ruft einzeln zuerst die Führungskräfte, dann die Mitarbeiter und zum Schluss den Auszubildenden zu sich. Er sieht den Jungen streng an: »Hoschd du scho mol was mit mainer Sekretärin ghed?« Aufgeregt beteuert der Lehrling: »Noe, Chef, ganz bestimmt ned!« Aufatmend nickt der Boss: »Guad, dann überbrengschd du ihra jetzt des Kündigungsschreiba!«

Die neue Sekretärin platzt in eine wichtige Konferenz: »Herr Direktor, i glaub, Sie werdad am Telefo vrlangt.« »Was hoißt des, Sie glaubad? Werd i jetzt vrlangt oder ned?« »I glaub scho, a weiblicha Stemm hod gfrogt: ›Bischd dus, mai kloins Scheißerle?‹«

Ein junges Pärchen kommt in ein Immobilienbüro und eröffnet dem Makler, dass es beabsichtigt, ein Häuschen mit einem kleinen Garten zu kaufen. Der Makler nickt verständnisvoll: »Jetzt sagad Sie mir amol zerscht, was Sie ausgeba wellad, ond wenn dann main Lachkrampf vorbei ischd, sag i Ihne, was Sie om des Geld krieagad!«

Der Chef ruft seine Sekretärin zu sich und fragt sie: »Hend Se scho mai Frau ahgrufa ond ihra gsagt, dass i heut leider erschd ganz spät hoimkomm?« »Ja, selbstvrschdändlich, Herr Direktor!«, antwortet sie. »Ond, was hod se no gsagt?«, will der Chef wissen. »Ha, ob se sich dodrauf ao wirklich vrlassa könn!«

Der Buchhalter kommt zum Chef: »Herr Direktor, könnt i heut drei Stond früher weg vom Gschäft, weil i mai Frau zom Kloiderkaufa fahra soll!« Der Chef brüllt: »Des kommt jo überhaupt ned en Frog!« Der Buchhalter: »Danke, Chef, i hann gwisst, dass Sie mi ned em Stich lassad!«

Der Vorsitzende des Konzern-Aufsichtsrates fragt den Bewerber für einen Vorstandsposten: »Siea send an intelligenter, wohlhabender ond guat aussehender Mann. Worom hend Siea eigentlich niea gheiradad?« Der Bewerber lehnt sich im Sessel zurück und sagt: »Siea hend diea drei Gründe grad selber gsagt!«

Zwei Putzfrauen leeren den Papierkorb der neuen Chefsekretärin und blicken sich vielsagend an. Meint eine davon kopfschüttelnd: »Jetzt guck dir ao des ah. Vrtipper ohne Ende. Fehler über Fehler. Muss dui a guada Figur hann!«

Zwei Buchhalter sitzen zusammen in einem Arbeitszimmer. Fragt der eine: »Was hältschd denn du drvo, wenn mir ons a Aquarium kaufad?« Nachdenklich wiegt der andere den Kopf: »Moinschd du ned, dass des viel zu viel Hektik ens Büro brengt?«

Der Oberbuchhalter lässt sich sehr provokativ im Chefzimmer auf einen Sessel fallen und verlangt eine saftige Lohnerhöhung. Der Direktor runzelt die Stirn: »Sagad Sie mir bitte oi oinzigs Argument, worom i des doa soll!« Der Mann lächelt nachsichtig: »Weil i sonst am nägschda Erschda beim Finanzamt als Steuerprüfer ahfang!«

Der Personalchef fragt den Bewerber: »Was send denn Ihre Stärka?« »I ben sehr hartnäckig.« Diese Antwort gefällt dem Personalchef und er sagt: »Guad, mir meldad ons bei Ihne!« Der Stellenanwärter antwortet: »I wart dohanna so lang auf Ihr Antwort!«

Im Vorstellungsgespräch: »Wie ischd denn Ihr Allgemeinbildung?« »Hervorragend!« »Aha. Was sagt Ihne denn der Name Richard Wagner?« »Ach, viel! Dem sai Steinofa-Pizza mog i über ällas!« Der Personalchef nickt: »Danke, Sie kriegad von ons dann Bescheid!«

Der Personalchef stellt den Arbeitnehmer zur Rede: »Siea send zwoi Schdond zu schbät zom Dienschd erschiena! Hend Se dodrfür a Begründung?« Da strahlt der Mann: »Jo, i werd Vatter!« »Hoi, Glückwunsch! Ja, wann denn?« »En neun Monat!«

Ein Angestellter kommt zum Personalchef: »I möcht om a Gehaltserhöhung bitta, i hann nämlich gheiradad!« Ablehnend schüttelt der Vorgesetzte den Kopf: »Oh, Siea, des duad mir furchtbar loid, aber für Unglücksfäll außerhalb von dr Firma könnad mir ned aufkomma!«

Frau Gutbrod betritt den Friseursalon. Der neue Lehrling stürzt auf sie zu und ruft eilfertig: »Bitte nemmad Se scho Platz. Dr Chef macht bloß gschwend nebaah des Kend fertig, ond no send Siea dra!«

»Der neue Lehrling steht ratlos vor dem Reißwolf. »Ka i dir helfa?«, fragt eine freundliche Kollegin. »Jo, gern. Wiea funktioniert denn des Deng dohanna?« »Ganz oifach!«, sagt sie, nimmt ihm den Stapel Papiere aus der Hand, steckt ihn in die Maschine und schaltet sie ein. »Danke«, lächelt der Lehrling erleichtert, »ond wo kommad jetzt diea Kopiea raus?«

Der Geschäftsinhaber war kurz weg, um eine Besorgung zu machen und fragt den Auszubildenden: »Ischd jemand komma?« »Jo!« »Wer?« »Sie!« »I moin doch, ob jemand do war!« »Jo!« »Wer?« »I!«

Der Direktor kommt ins Vorzimmer und sieht erstaunt, wie der Lehrling Jannik seine Sekretärin küsst. »Was fällt dir denn ai?«, brüllt ihn der Direktor empört an. »Des duad mir loid, Herr Direktor«, entschuldigt sich der Junge, »aber i hann hald denkt, mir send so a großa Firma und do könnad Sie doch ned ällas selber macha!«

Hoschd du daine Händ ao gründlich gwäscha?«, fragt der Bäckermeister seinen Lehrling. Erstaunt fragt der zurück: »Worom denn des? I hann denkt, mir machad jetzt Schwarzbrot!«

Der Chef brüllt seinen jungen Auszubildenden an: »Brengad Sie ao mol ebbas nah, was Hand ond Fuß hod?« Der Junge antwortet kess: »Ned, solang Ihr Tochter no d Pille nemmt!«

Der Gärtnermeister informiert den Auszubildenden: »Woischd, Bua, dene Pflanza duads oifach guad, wenn ma ab ond zua lieab mit ihne schwätzt.« »En Ordnung, Chef«, nickt der junge Mann, »no gang i jetzt aufs Feld naus ond beleidige des Ohkraut!«

Der Chefdekorateur nimmt den neuen Azubi zur Seite: »Also, i schätz des jo, wenn maine Leut schnell schaffad, aber dui Pupp, wo Siea do grad auszoga hend, war d Chefin!«

Azubi Jörg kommt von der Abschlussprüfung. Der Chef fragt ihn leutselig: »Ond, Jonger, wiea ischs glaufa? Wars schwer?« »Noe, noe«, wiegelt der Junge ab, »des war hopfaleicht, des heddad sogar Siea gschafft!«

Der Kfz-Mechanikermeister führt den neuen Auszubildenden in die Werkstatt. »So, Nico, bass genau auf, als Erschdes übad mir heut des entsetzte Kopfschüttla, wenn mir d Motorhaub aufmachad!«

Der Bankausbilder fragt in die Runde der neuen Mitarbeiter: »Was ischd eine unproduktive Kapitalanlage?« Constantin meldet sich: »Wenn i zom Beispiel mai Schwester ens Kino ailad!«

Der Chef ruft den Lehrling zu sich: »Schreib mol a Mahnung an Schmid & Co., aber höflich bitte!« Nach einer Weile legt ihm der Lehrling den Brief vor. »Ausgezeichnet«, lobt der Chef, »bloß Idiot schreibt man mit t, Ganoven mit v und vrblödet ohne h!«

Der Generaldirektor führt seinen Sohn in die Firma ein. Als er ihn seiner Sekretärin vorstellt, sagt er zu ihr: »Fräulein Erika, Sie könnad maim Sohn alles zeiga!« Die Dame errötet leicht und fragt verlegen: »Am erschda Dag scho, Herr Generaldirektor?«

Die Frau des Generaldirektors klagt am Abend ihrem Mann ihr Leid: »Stell dir vor, i hann heut onser Wäschefrau entlassa müssa. Se hod gschdohla!« »Ach du lieabe Zeit! Ja, was fehlt denn?«, fragt er besorgt. »Vier Handtücher aus em ›Grand Hotel‹ ond drei Dischdecka aus em ›Hilton‹!«

Zwei Manager unterhalten sich. »I fend, dui intensivera Spesakontrolle hod dui Moral ganz wesentlich ghoba!« »Wirklich?« »Ha jo, früher hod dr Chef auf Reisa sai Sekretärin als sai Frau ausgeba, ond heut gibt er sai Frau als sai Sekretärin aus!«

Nach dem Banküberfall fehlen im Tresor zwei Millionen Euro. Der Bankdirektor sagt zu den Reportern: »Schreibad Se, es seiad drei Milliona erbeutet worda, no hod der Gauner wenigschdens an Riesakrach drhoim!«

Eine schlanke, hochgewachsene Dame beim Schuhkauf. Sie erklärt: »Flach müssad se sai.« Die Verkäuferin fragt: »Ond sonst, Farb, Modell?« Die Kundin: »Ganz egal.« Da hakt die Verkäuferin verzweifelt nach: »Zo was müssad denn diea Schuha bassa?« Die Kundin gesteht: »Zo ma kloina, dicka Chef!«

Eine neue Fluglinie bewarb ein Spezialangebot für Geschäftsleute: »Kaufen Sie Ihr Ticket und das Ticket Ihrer Frau ist gratis!« Nachdem die Aktion vorbei war, wurde sie mit einer Telefonumfrage ausgewertet. Am Abend kommt die Telefonistin zum Abteilungsleiter und berichtet: »Dui Aktsio hod ned klappt. Koina von dene Ehefraua hod ebbas von ra Reise gwisst!«

Zwei Geschäftsleute sitzen sich in der Hotellobby gegenüber und reden über das Geldverdienen. Meint der eine nachdenklich: »S gibt viel Möglichkeita Geld zom vrdiena, aber en Wirklichkeit bloß oi ehrlicha!« Der andere sieht ihn erstaunt an: »Ond was für oina ischd des?« Da lächelt der andere mild und sagt: »I hanns doch gwisst, dass Siea dui ned kennad!«

Die Chefsekretärin kommt aufgeregt ins Büro: »Herr Generaldirektor, drauußa schdoht dr Grichtsvollzieher.« »Der soll warta. Biedad Se ihm an Stuhl ah.« Ihr kommen die Tränen: »Hann i doch scho gmacht, aber er will älle Möbl!«

Zwei Chefs unterhalten sich: »Wiea kommt des eigentlich, dass daine Ahgschtellde emmer so überpünktlich an ihrem Arbeitsplatz erscheinad?« Der andere schmunzelt: »Ganz oifach, i hann zwanzig Mitarbeiter, aber bloß fuffzehn Parkplätz!«

Der Chef nimmt seinen Buchhalter ins Gebet: »Könndad Se ned wenigschdens so doa, als kämad Se gern zom Schaffa?« Der Angestellte mürrisch: »I werd dohenna ned fürs Schauspiela zahlt!«

Der Privatdetektiv sitzt einem Konzernchef in seinem Büro gegenüber: »I hann Ihne leider a sehr schlechta Nochricht zu überbrenga! Ihr Frau hod a Bild gfonda, des ischd rond a Million Euro wert!« Erstaunt fragt der Boss zurück: »Wieso ischd denn des a schlechta Nochricht?« »Des Bild ischd von Ihne ond Ihrer Sekretärin!«

Der Vorstandssprecher einer Großbank besucht unangemeldet eine seiner Filialen. Kein Mensch ist zu sehen. Durch den Türspalt sieht er im Hinterzimmer, wie sein Personal Karten spielt. Da drückt er den versteckten Alarmknopf. Drei Minuten später bringt der Kellner des benachbarten Lokals ein Tablett mit wohl gefüllten Bierkrügen herein, verschwindet im Hinterzimmer und sagt: »Soll i euerm Kunda do drauußa ao oins brenga?«

Der Konzerndirektor fragt die neue Chefsekretärin: »Sie send doch hoffentlich koi so a Schwätzbas?« Die junge Dame wehrt entsetzt ab: »Aber wo denkad Sie denn nah! Do, guckad Se mai Sparbuch ah, diea zwoihonderttausend Euro send ällas Schweigegelder!«

Der Konzernchef steht vor Gericht. Er stellt sich dumm. Da brüllt der Staatsanwalt los: »I hald Sie scho aufgrund Ihrer Stellung für an sehr intelligenda Mann!« Da antwortet der Angeklagte: »Herr Staatsanwalt, wenn i dohanna ned onder Eid schdanda däd, würd i Ihne des Kompliment gern zrückgeba!«

Der Chef zu seinem Vorarbeiter: »Oiner von ons zwoi muass a Granada-Rendviech sai!« Am nächsten Tag überreicht ihm der Mann einen Brief. Irritiert fragt der Chef: »Was ischd denn des?« »A Attest von maim Hausarzt, der bescheinigt, dass i völlig normal ben!«

Der Finanzbeamte ist überrascht. »Herr Direktor, Sie hier en dem Noblrestaurant? Ond mir vrzehlad Se emmer, dass Ihr Gschäft so schlecht lauft!« »Jo«, nickt der Firmenchef betrübt, »früher hods ao no für mai Frau a Essa glangt!«

Der Firmenchef lässt seinen Vorarbeiter kommen und ruft erregt: »Kuntze, mir send doch koi Dünger-Fabrik!« Blass stammelt der Mann: »Aber des woiß i doch, Chef.« Der schaut ihn strafend über seine Brille hinweg an: »So, ond worom machad Se no so viel Mischt?«

Der Konzernchef brüllt seine neue Sekretärin an: »Wer hod Ihne eigentlich gsagt, dass Siea do em Büro faulenza könnad, bloß weil i Ihne scho a baar Mol an Kuss geba hann?!« Da haucht sie unschuldig: »Onser Justiziar, Herr Generaldirektor!«

Herr Lämmle bewirbt sich bei einer Firma um die Stelle des Nachtwächters. Der Chef schaut den Mann kritisch an: »Ond worom glaubad Siea denn, dass Siea für dui Stell geeignad send?« »Weil i emmer scho beim kleinschda Geräusch aufwach!«

Der Angestellte schreit seinen Chef an: »Siea glaubad wohl, dass i an vollkommener Idiot ben!« »Noe, des derfad Se ned ahnemma«, sagt der Chef und tätschelt ihm beruhigend die Wange, »vollkomma ischd außer mir niemand dohenna!«

Der gewiefte Geschäftsmann übergibt seinen beiden Söhnen die Firma mit einer feierlichen Rede und er endet mit den Worten: »... ond, Buaba, des oine müassad ihr euch merka: ›A Gschäft wird erscht zo ma Gschäft, wenn ma em Finanzamt beweisa ka, dass es gar koi Gschäft war!‹«

»Eigentlich ischd es schade, dass Siea ons vrlassad. Siea warad wie an Sohn für mi!«, sagt der Chef zum scheidenden Mitarbeiter. Der Angestellte ist geschmeichelt und überlegt gerade, ob er denn dann nicht seine Kündigung zurücknehmen soll, da ergänzt der Chef: »Aufsässig, ohdankbar ond niea om a Ausred vrlega!«

Der Bürgermeister maßregelt seinen Hauptamtsleiter: »Was muass i do seha, Siea lesad am Arbeitsplatz Zeitung?« Der Beamte lächelt ihn entwaffnend an: »I hann denkt, so kurz vor maim Urlaub lohnt sichs nemme, an Roman ahzomfanga!«

Ein Fabrikant sitzt im Golfclub mit einigen anderen Firmenbesitzern zusammen. Da wird in der Runde gefragt, was man denn über die Wirksamkeit von Anzeigenschaltungen wisse. Der Fabrikant meldet sich zu Wort und sagt: »Dui ischd sehr hoch aizuschätza. Erschd kürzlich hann i inseriert, dass i dringend an Nachtwächter suach, ond prompt ischd en dr Nacht mai Fabrik ausplündert worda!«

Der Chef begrüßt seine neue Sekretärin: »I ben so froh, dass Siea do send. Mir hend an Haufa Brieaf ond Gschäftsbericht zom schreiba. Des ischd beschdimmd Arbeit für a baar Wocha. Was schreibad Se denn zerscht?« Die Sekretärin: »Mai Kündigung!«

Der Chef verkündet feierlich seiner Belegschaft: »Damit Sie es älle wissad, mai Frau wird en ma halba Johr Mutter!« Stimme aus dem Hintergrund: »Ond, hend Se scho jemand em Vrdacht?«

»Wiea ischd denn dohenna s Betriebsklima?«, fragt der neue Kollege. »Prima, ausgezeichnet!«, klärt ihn die Sekretärin auf. »Ond dr Chef?« »Ma muass ihn oifach möga, sonst schmeißt er oin nämlich naus!«

Der Oberbuchhalter fragt dienstbeflissen den Firmenchef: »Herr Direkter, soll i den Telefonhörer, der do nonderhängt, auflega?« »Noi danke! Mai Frau spricht no!«

Der Konzernchef fragt seinen kleinen Sohn, was er sich denn zum Geburtstag wünsche. »A Brüderle!«, strahlt der Junge. Der Vater bedauert: »Oh je, des gohd ned so schnell. Dain Geburtsdag ischd doch scho nägschd Woch!« Der Kleine gibt aber nicht auf und meint: »No stell hald no a baar Leut ai!«

EHEPAARE

Ein Ehepaar sitzt auf dem Sofa. Sie schaut ihn an und sagt: »Schatz, sag mir doch bitte die drei magische Wörter, die mi so glücklich machad!« Er, ohne nachzudenken: »Du hoschd recht!« Sie: Noe, de andere drei.« Er nickt: »I ben schuld!«

Auf der Party wird von der allerersten Minute an eine äußerst attraktive, kurvenreiche junge Frau von fast allen Männern hofiert. Da sagt Frau Bauer neidisch zu ihrem Mann: »I woiß gar ned, was diea Kerle älle an dera fada Goiß fendad!« Da antwortet er aufgeregt: »I ao ned, Schatz, deswega gang i jetzt amol nom ond guck mir dui näher ah, dass i dir Bescheid saga ka!«

Nach einer Party fragt die Ehefrau ihren Mann: »Hann i dir eigentlich jemols gsagt, wiea guad du aussiehschd ond wiea unwiderstehlich du auf Fraua wirkschd?« Er macht ein überraschtes Gesicht: »Noi!« Da fragt sie honigsüß: »Ond worom hoschd du dir des no dr ganze Obend über aibildad?«

Das Ehepaar Brösel hat eine Einladung gegeben. Nach einem vorzüglich mundenden Gericht aus selbst gesammelten Pilzen setzen sich die Gäste ins Wohnzimmer und der Gastgeber erläutert anhand eines bebilderten Pilzbuches die Zusammensetzung des Hauptganges. Plötzlich wird er blass und stöhnt: »Jetzt könnad mir bloß hoffa, dass des dohanna an Druckfehler ischd!«

Das Medium verdreht die Augen und röchelt mit heiserer Stimme: »Ich habe jetzt Kontakt zu Ihrer Frau.« »Ond, was secht se?«, erkundigt sich der Witwer aufgeregt. »Nichts.« »No ischs ned mai Frau!«

Der Ehemann hat gerade ein Buch ausgelesen mit dem Titel: »Ich bin der Herr im Haus.« Dann stürmt er in die Küche und sagt zu seiner Frau: »Von heut ah ben i dr absolute Herr em Haus! Du wirschd mir heut Obend a Gourmet-Obendessa macha. Dann lässt du mir a Entspannungsbad ai ond wirschd mir da Rücka ond Hoor wäscha. Wenn i dann aus dr Wann steig, wirschd du mi abtrockna ond mir d Füß massiera. Dann gohts ens Schlofzemmer ond zwor noch maine Wünsch. Ond rot mol, wer mi morga früh ahzieht ond mir d Hoor kämmt?« Darauf seine Frau: »An Ahgschdellter von ma Bestattungsinstitut!«

Der Ehemann schlüpft ins Bett zu seiner Frau und flüstert ihr mit lustvoll bebenden Lippen ins Ohr: »Du Schatz, i hann fai koi Onderhos ah!« Die Ehefrau antwortet desinteressiert: »I wäsch dir morga oina!«

Der eheliche Kommentar auf dem Heimweg nach einem Grillfest: »Heidawedder nomol, hoschd du heut wieder an Mischt rausgschwätzt. I ka bloß hoffa, dass niemand mitkrieagt hod, dass du gar ned bsoffa warschd!«

Das eingeladene Ehepaar zankt sich immer wieder während des Abendessens. Den Gastgeber ärgert dieses Verhalten dermaßen, dass er sich nach dem Dessert den Mund abtupft und sagt: »So, ond jetzt wellad mir euch nemme länger aufhalta, ihr hend sicher no lange Streitigkeita vor euch!«

Ein Ehepaar sitzt beim Frühstück. Sie: »I wett, du woischd ned, was heut für an Dag ischd!« »Natürlich woiß i des!«, trompetet er selbstsicher und verzieht sich ins Büro. Um zehn Uhr kommt ein Strauß Blumen zuhause an. Gegen zwölf Uhr eine große Schachtel Pralinen und um 15 Uhr ein teures Designerkleid. Natürlich ist die Frau überglücklich und ruft ihren Gatten im Büro an: »Hasi, i ben dir so dankbar! I hann no nie en maim ganza Leba so an schöna Siebaschläferdag erlebt!«

Die Ehefrau führt ein ernstes Gespräch mit ihrem Mann: »Wenn mai Mutter bald bei ons wohna wird, werdad mir en a größers Haus omzieha müssa.« Er schüttelt bedrückt den Kopf: »Des nützt doch nix. Früher oder später fendad se ons bestimmt!«

Die Ehefrau hat eine Überraschung für ihren Mann. »Du Schatz, i däd dann morga für a baar Dag zu mainer Mutter fahra. Ka i no ebbas für di doa?« Da erklärt er strahlend: »Noi danke, des genügt völlig!«

Der Ehemann kommt aus der hauseigenen Sauna und schmunzelt: »Am liebschda däd i jetzt nackad em Garta romlaufa ond mi abkühla.« Die Ehefrau winkt erschrocken ab: »Dur mir des ned ah, wega de Nochber!« Er fragt verwundert: »Worom?« Sie antwortet besorgt: »Ha, sonschd denkad diea no, i hedd di bloß wegam Geld gheiradad!«

Schluchzend mahnt eine Frau ihren Ehemann: »Früher warschd du glücklich, wenn du mi bloß a baar Stond am Dag hoschd seha könna.« Worauf er lächelnd erwidert: »Do hod sich ao nix dra gändert!«

Die ziemlich korpulente Ehefrau steht auf der Waage und ruft begeistert aus: »Du, Schatz, i hann drei Kilo abgnomma, sieht mer des?« Ihr Mann schaut von seiner Zeitung auf und sagt: »Gegafrog, wenn mr aus ma Telefobuch drei Seita rausreißt, sieht mer des?«

Die junge Ehefrau bleibt entzückt vor einem Hutladen stehen und ruft aus: »Den oder koin!« Ihr Gatte nickt zustimmend: »Aivrschdanda, also koin!«

Ein als sehr sparsam bekannter Schwabe kommt mit seiner Frau an einem Würstchenstand vorbei. Sie schwärmt verzückt: »Oh, wiea des herrlich dufdad!« Worauf er gönnerhaft antwortet: »Ja, wenn du willschd, gangad mir auf em Rückweg nomol dra vorbei!«

Nachdem der Ehemann zur Kenntnis nehmen musste, dass seine Frau einen jüngeren Geliebten hat, brüllt er: »Soll des etwa bedeuda, dass du gnug von mir hoschd?« In gleicher Lautstärke dröhnt sie zurück: »Noi, des bedeudad, dass i eba ned gnug von dir hann!«

Nach der Untersuchung nahm der Arzt die junge Frau des älteren Patienten zur Seite: »I muass saga, guada Frau, Ihr Ma ischd no sehr rüstig für sai Alter!« Sie schaut den Mediziner ärgerlich an und sagt: »Für sai Alter ka scho sai, aber ned für mains!«

Gustav ist mit seinen Freunden in einigen Bars unterwegs. Als er angeheitert mitten in der Nacht nach Hause kommt, nimmt er seine Frau in die Arme und küsst sie innig. Er wird auch ebenso innig von ihr geküsst. Dann sagt er: »Ond, wiea gfall i dir, so ohne main Vollbart? Den hann i mir noch em Gschäft abrasiera lassa.« Da ruft sie erschrocken: »Ach Gustav, du bischd des!«

Erwin sieht seine Frau nachdenklich auf dem Sofa sitzen und fragt liebevoll: »An was denkschd du grad?« Sie blickt kurz auf: »Ach, an nix Bsonders.« Er ist enttäuscht: »Ond i hann scho glaubt, du denkschd an mi.« »Hann i doch ao!«

Rosemarie, im dritten Monat schwanger, fragt ihren Arzt nach der Untersuchung: »Herr Dokter, main Mann möcht gern wissa …« Da unterbricht sie der Arzt: »I woiß scho. Des frogad älle Männer, aber em Moment ischd do nix drgega aizomwenda.« Rosemarie nickt: »Also ka i vorerst weiterhin no da Rasa mäha!«

Sie kriegt sich fast nicht ein: »Ja, main süßer Liebling, mai Schätzle, mai Schnuckiputzi.« Da fragt der Ehemann gedankenverloren hinter der Zeitung: »Ja, was ischd denn, mai Mausi?« Worauf sie barsch erwidert: »I schwätz doch ned mit dir, sondern mit em Hond!«

Das Ehepaar Breitner ist im Versicherungsbüro und will einen Auffahrunfall melden. Der Versicherungsagent fragt, ob sie sich die Autonummer des Unfallverursachers merken konnten. »Jo«, nickt Herr Breitner stolz, »des send zuafällig de gleiche Zahla wies Geburtsjohr von mainer Frau.« »Vrgiss es!«, unterbricht sie ihn schnell, als er gerade ihr Geburtsjahr sagen will, und zieht ihn zur Tür. »Schließlich ischd dir jo nix Ernschthafts bassiert!«

Das ältere Ehepaar Schreckle kommt in ein Bekleidungsfachgeschäft und will eine Hose für ihn kaufen. Der Verkäufer erkundigt sich: »Solls oina mit Reißverschluss sai?« »Noe!«, entgegnet sie schnell. »Er hod scho a West mit ma Reißverschluss, ond do klemmt er sich emmer sai Krawatt nai!«

Goldene Hochzeit. Der hochbetagte Jubilar deutet beim Mittagessen flüsternd seiner Gattin an, dass er einem abendlichen, ausführlichen und liebevollen Zusammensein nicht ablehnend gegenüberstehen würde. »Isch recht«, flüstert sie glücklich zurück, »wenn mir hoimkommad, richt i für älle Fäll glei dei Sauerstoffzelt nah!«

Die Ehefrau erkundigt sich besorgt bei ihrem Mann: »Gohd dirs denn ned guat?« Der Mann lässt die Morgenzeitung sinken und blickt erstaunt seine Frau an: »Wiea kommschd denn jetzt ao do drauf?« Worauf sie meint: »Ha, weil daine Fenger heut so blass send!«

Frau Renz fährt zur Kur. Damit ihr Mann allein über die Runden kommt, hinterlässt sie ihm überall kleine Zettel mit Hinweisen. Einen davon findet er in seinem besten Anzug. Auf ihm steht geschrieben: »So, wo willschd denn du nah? Du Schlawiner, du elender!«

»Hörad Se mol«, sagt der Hausarzt zu Herrn Buck, »dauernd lassad Se sich von mir schwere Schlofmittl vrschreiba ond jetzt treff i Siea scho zom dritta Mol en dem Nachtlokal dohenna.« Da flüstert ihm Herr Buck zu: »Des Schlofmittl ischd doch für mai Frau!«

»Sag mol, hoschd du di wieder mit dainer Frau vrsöhnt?«, will der Uli von seinem Kollegen wissen. »Wie kommschd jetzt ao do drauf?« »Ha, weil ihr geschdern so aiträchtig nebanander Holz ghackt hend.« »Ach Quatsch!«, brummt der Kollege mürrisch. »Mir hend geschdern d Möbl doilt!«

Einen Tag vor der Hochzeit gibt die Mutter ihrer Tochter noch einen Hinweis mit auf den Weg in die Ehe: »Vrsöhn de niea an ma Sonntag mit daim Ma, do hend Juwelier gschlossa!«

Der kleine Max hat zum ersten Mal in der Schule Sexualkunde-unterricht. Mittags kommt er nach Hause, schaut seine Eltern verächtlich an und sagt: »I woiß jetzt Bescheid, ihr Ferkel!«

Kevin sagt beim Abendessen zu seinem Vater: »Du, Baba, i muass dir ebbas saga!« Der Vater barsch: »Du kennschd mai Regel, beim Essa schwätzt mer ned!« »Aber s ischd arg wichtig, Baba!«, sagt Kevin drängelnd. »A Ruha jetzt! I will koi Wort mehr höra!«, antwortet der Vater wütend. Nach dem Essen lehnt er sich entspannt zurück: »So, Kevinle, was hoschd du mir denn saga wella?« »Jetzt ischs z spät. Du hoschd dui Mugg en dr Supp scho gessa!«

Der Vater brüllt seinen Sohn an: »Was fällt dir eigentlich ai, dainer Mudder zom widersprecha! Glaubschd denn, du wärscht ebbas Bessers als i?«

Ein junger Mann sagt zu einem älteren Herrn: »Des Erste, was i doa werd, wenn i heirat, ischd, mai Schwiegermutter für mindestens fünf Johr en Urlaub zom schicka!« »Ihr Idee gfällt mir«, erwidert der ältere Herr, »heddad Siea denn ned Lust, mai Tochter zom heirata?«

Die Mutter sagt sehr energisch zu ihrer Tochter: »Noi, Schatz, du nemmschd no ned dui Pille!« Worauf die Tochter zu bedenken gibt: »Aber was ischd, wenn i des Johr ned so viel Glück hann wiea em letschda Johr?«

Der kleine Felix fragt seinen Vater: »Du, Baba, worom gebad sich denn diea Brautpärla beim Heirata en dr Kirch emmer d Hand?« Der Vater nickt nachdenklich: »Des ischd hald so üblich. Woischd, des machad Boxer vor em Kampf ao so!«

Klein Linus sitzt im Wohnzimmer und bläst fröhlich einen Luftballon nach dem anderen auf. Da ermahnt ihn die Mutter: »Wenn dr Baba hoimkommt, muaschd aber drmit aufhöra, des erinnert ihn bloß wieder an sain entzogena Führerschai!«

Die Mutter schaut ihre kleine Tochter streng an: »Wieso frogschd du mi, obwohl dr Baba scho ›noi‹ gsagt hod?« Unschuldig schaut die Kleine sie an: »Ha, weil doch du em Baba sain Chef bischd!«

Der Vater klopft seinem flügge gewordenen Sohn auf die Schulter und meint gönnerhaft: »Herzlicha Glückwunsch zur Volljährigkeit, Marc! Jetzt kaschd du bis zo dainer Hochzeit macha, was du willschd!«

Die Mutter ruft entnervt aus: »I kündige!« Die Tochter aufgebracht: »Du kannscht doch ned oifach kündiga!« Worauf die Mutter spontan erwidert: »No mach i oifach a Omschulung auf a entfernta Vrwandta!«

Der Vater hält seinem Sohn einen erzieherischen Vortrag: »Wo i so alt war wiea du, hann i wiea an Irrsinniger Tag ond Nacht büffelt.« Der Junge nickt: »Ond wann bischd du no zur Vrnunft komma?«

Ein Vater beklagt sich: »En mainer Jugend war älles ganz anders. Heut hod main Bua an HD-Fernseher für sich, an Recorder, a Surround-Anlage ond a oiges Smartphone. Wenn i ihn strofa will, muass i ihn en mai Zemmer schicka!«

Ein älterer Mann aus Meersburg ruft einen Tag vor Heiligabend seinen erwachsenen Sohn Rolf in Rom an und sagt am Telefon: »I muss dir mitteila, dass dai Mutter ond i ons scheida lassad. Ruf bitte dai Schwester en Barcelona ah ond sags ihra, i brengs ned übers Herz!« Dann legt er auf. Die Schwester ruft sofort ihren Vater an: »Ihr ondernemmad amol nix, bis dr Rolf ond i morga bei euch send!« Der Vater legt freudestrahlend auf und sagt zu seiner Frau: »Schatz, frai di, se kommad boide jetzt doch zo Weihnachta ond ihren Flug zahlad se ao selber!«

Die Mutter rügt erbost ihre minderjährige Tochter: »Dädeschd du bitte aufhöra, andauernd ›Super!‹ zom schreia, während i di aufklär?«

Herr Veil ist im Gespräch mit seinem angehenden Schwiegersohn: »Dädad Siea mai Tochter ao heirata, wenn se koi Geld hedd?« Dieser ruft im Brustton der Überzeugung aus: »Ha natürlich, ao wenn se arm wär wie a Kirchamaus!« Der Vater schüttelt den Kopf: »No wird des nix mit dr Hochzeit! Solche Halbdackl könnad mir ned en dr Familie braucha!«

Der Vater sagt enttäuscht zu seinem erwachsenen Sohn: »Was hann i ällas gopfert, bloß damit du hoschd Medizin studiera könna. Ond jetzt, wo dus gschafft hoschd, vrbieteschd du mir als Erstes s Raucha und s Trenka!«

»Du, Baba, was ischd denn eigentlich an Bigamist?«, fragt der kleine Sebastian. Der Vater senkt nachdenklich die Zeitung: »An Bigamist ischd oiner, wo doppelt so viel em Haushalt helfa muass wie i!«

Der Vater fragt seinen kleinen Sohn, wie ihm denn die neue Lehrerin gefalle. »Echt klasse, Baba!«, lobt der Junior. »Wenn bloß der saumäßige Altersonderschied ned wär!«

Der Millionär liegt sterbenskrank unter dem Sauerstoffzelt. Sein Sohn fragt ihn, ob er noch einen letzten Wunsch habe. »Jo«, röchelt dieser, »nemm bitte dain Fuß von maim Sauerstoffschlauch!«

Der Sohnemann ist jetzt in dem Alter, wo er aufgeklärt werden muss. Der Vater fragt ihn unter vier Augen: »Hend ihr en dr Schual scho Aufklärungsonderricht ghed?« »No ned so richtig«, gibt der Junge zu, »aber worom, was willscht denn wissa, Baba?«

Ein Student, der im Examen durchgefallen ist, schickt seinem jüngeren Bruder über Handy die SMS-Nachricht: »Ned beschdanda. Bereite ao da Vatter vor!« Der Bruder schickt wenig später eine SMS-Nachricht zurück: »Dr Vatter ischd vorbereitet. Bereite di vor!«

Der Vater hält seiner kleinen Tochter eine gehörige Standpauke wegen ihres schlechten Schulzeugnisses. Als er fertig ist, hebt die Kleine den Kopf und fragt nachdenklich: »Was moinscht du, send des diea Erbfaktora von dr Mama oder kommt des mehr von dainer Seite?«

Die mehrfach geschiedene Mutter stellt ihrer kleinen Tochter Celina ihren neuen Liebhaber vor. »Des wird vielleicht dain neuer Baba. Sag ihm ebbas Lieabs!« »Gern, Mama«, flötet die Kleine süßlich. Dann wendet sie sich an den neuen Anwärter: »Dädad Sie sich bitte en mai Gästebuch aitraga?«

Eine Frau mit Baby findet in der Straßenbahn keinen Sitzplatz mehr. Zielstrebig geht sie auf einen Mann zu und bittet ihn, das Baby während der Fahrt zu halten. Der Mann ist angetan und fragt zurück: »Wieso hend Siea sich grad für mi entschieda?« Die Frau verlegen: »Siea send dr Oinzige, der an Regamantl ahhod!«

Die Tochter kommt in den Ferien nach Hause. Da meint ihr Vater beim Mittagessen: »Sag mol, Lena, jetzt studierschd du scho a ganz Johr an dr Universität ond bischd emmer no ned vrlobt. Was duaschd denn du eigentlich de ganz Zeit?«

Herr Dommerle kommt nach Hause und seine Frau teilt ihm aufgeregt mit: »Du, onser Bua soll en d Hilfsschual komma!« Der Vater nickt begeistert: »Worom ned, wenn er des Zeug drzua hod?«

Die frisch vermählte Tochter kommt zu ihrer Mutter gestürzt und schluchzt: »Denk no, Mama, bereits sieba Dag noch onserer Hochzeit liebt mi mai Ma scho nemme!« Beruhigend streicht ihr die Mutter übers Haar: »Mach dir koine Gedanka, Schatz, selbst dr liebe Gott hod sich am siebta Tag ausruha müssa!«

»En Ordnung«, sagt die Mutter zu ihrer Tochter, »no beschwer de hald beim Europäischa Gerichtshof für Menscharechte, aber trotzdem räumscht du vorher dai Zemmer auf!«

Der heiratswillige Sohn fragt: »Du, Baba, wann send eigentlich d Flitterwocha vorbei?« Der erfahrene Ehemann erklärt ihm: »Wenn du nemme beim Spüla hilfschd, sondern es ganz alloi machschd!«

Erwin ist ein Tüftler und versorgt den Freundeskreis und die Verwandtschaft mit seinen Erfindungen. Er trifft zufällig seinen Kumpel Ferdinand und fragt ihn, wie seine selbst erfundene Rattenfalle funktioniere. Der Freund nickt begeistert: »Wunderbar! Erscht heut Morga send wieder zwoi Ratta drvorglega, weil se sich über dai Technik totglacht hend!«

Der Kegelclub »Alle Neune« macht einen Ausflug nach Hamburg. In der berüchtigten Herbertstraße klopft einer davon an eine Scheibe, hinter der eine leicht bekleidete Dame sitzt, und fragt nach dem Preis. Die Antwort von drinnen: »Tausend Euro!« Der Kegelfreund entsetzt: »Des ischd aber zemlich teuer!« Die Antwort von drinnen: »Das ist ja auch Thermoglas!«

Auf der Geburtstagsfeier sagt ein Gast zu dem Jubilar: »Sei mir ned bös, Gotthilf, aber i ben hondsrackermüd. I fang jetzt mit dera Blondine dodrüba a zom flirta, dass mai Frau drauf drängt, dass mir endlich hoimgangad!«

Der etwas dickliche Harry erzählt seinem Freund: »Kaum hann i auf maim Smartphon als Whats-App-Status ›Bin im Fitnessstudio‹ aigeba, scho hann i sieba Ahruaf ond dreizehn Nochrichta von Freund ond Familiamitglieder krieagt, ob mir denn mai Handy klaut worda ischd!«

Zwei Männer unterhalten sich über Traditionen im Zusammenhang mit Werten, Sex, Heiraten und Ähnliches. Da meint einer der beiden: »I hann bis zo onserer Hochzeit ned mit mainer Frau gschlofa. Du etwa?« Da fragt der Angesprochene zurück: »Woiß ned, wie war denn ihr Mädlesnama?«

Timmi zeigt einem Jagdfreund seine Geweihsammlung an der Wand und mittendrin hängt ein großes Bild von seiner Frau. Der Freund: »Was soll denn des Bild bei de Gweih?« Timmi erklärt ihm missmutig: »Woischd, des war mein größter Bock, den i gschossa hann!«

Der korpulente Julian erzählt einem Freund, dass er eine sprechende Waage gekauft hat. »Ond, bischd zfrieda mit dera?«, will der Freund wissen. Julian erläutert grimmig: »Wo i zom erschda Mol nackad auf dui Woog gschdanda ben, hod dui gsagt: ›Ich seh etwas, was du nicht siehst!‹, no hann i schnell diea Batteriea wieder rausgmacht!«

Markus berichtet seinem Sportkameraden Till: »Stell dir vor, main bester Freund Dscharly ischd gestern mit mainer Frau durchbrennt!« Verwundert fragt Till zurück: »Seit wann ischd denn dr Dscharly dain bester Freund?« Markus grinsend: »Seit gestern!«

Frank ruft seinen besten Freund an. »Du, Ginne, sag mol, dädeschd du denn main Trauzeuge macha?« Begeistert ruft dieser aus: »Ja klar, Franky! Du woischd doch, dass i jeden Blödsenn mitmach!«

Frederick besucht seinen Kumpel zu einem Schwätzle. Nach einer Weile fragt er ihn: »Hoschd du ebbas zom Trenka do?« »Möchdeschd a Wasser?« Frederick verzieht unwillig sein Gesicht: »Hosch du nix Härters do?« »Jo, doch, Eiswürfl!«

Zwei Freunde begegnen sich zufällig auf der Straße. »Hallo Berthold, i hann ghört, du hoschd geschdern mai Frau troffa!« »Jo, se hod mir dain neueschda Witz vrzählt.« »Ond?« »I ben vor Lacha schier aus em Bett gfalla!«

Hans steht mit Tränen in den Augen, aber doch gefasst, am Grab seiner jungen Frau. Neben ihm bricht sein bester Freund Manuel, von Weinkrämpfen geschüttelt, zusammen. Da beugt sich Hans zu seinem Freund hinunter und sagt leise: »Jetzt muascht hald a Weile warta. I heirat jo wieder!«

Zwei Freunde kommen um Mitternacht vom Pokern aus dem Lokal. Der eine ist nackt und der andere hat noch eine Unterhose an. Da sieht der Nackte den anderen bewundernd an und sagt: »Also, ois muass ma dir lassa, du woischt wenigschdens, wann de aufhöra muascht!«

Zwei Freunde sitzen im Restaurant. Einer winkt den Ober herbei und flüstert: »Mir dädad gern zo dene zwoi gut aussehende Mädla do drüba nahsitza. Könndad Siea ned dort gschwend vorher abkassiera?«

Zwei Geschäftsleute treffen sich. Sagt der eine: »Mensch, du siehschd schlecht aus. Du solldeschd amol für dain Körper a bissle Sport treiba!« Worauf der andere apathisch antwortet: »Des dur i doch. I ring jeden Dag om mai Existenz!«

»Seid segsazwanzig Johr hann i emmer no de gleich Frau von Herza gern!«, verrät Gustav seinem Schulfreund. »So ebbas hört mr emmer seltener en onserer heutiga Zeit!«, philosophiert dieser. Worauf Gustav abschwächt: »Aber i glaub, mai Frau wär ned so begeischdert, wenn se des erfahra däd!«

Siegwart trifft morgens beim Bäcker seinen Sportsfreund und erzählt ihm: »Geschdern Obend hann i wieder mit mainer Frau Hendl ghed wegam Fernsehprogramm. Sui hod an Heimatfilm ahgucka wella ond i des Fußballländerspiel!« »Ond«, fragt sein Kumpel, »wiea war no der Heimatfilm?«

Zwei Schulfreunde treffen sich. »He, Carsten, i hann ghört, du bischt jetzt Metzger. Was machscht denn do dr ganz Dag?« »Ha, i wurschtle hald so vor mi nah!«

Ruth erzählt ihrem neuen Freund: »I hann scho viel drvo ghört, wie du als Liebhaber bischt.« »Ach, des ischd doch nix Bsonders«, wehrt er, Bescheidenheit heuchelnd, ab. »So«, sagt sie entsetzt, »no schdemmd des also?!«

Silas-Joel kommt in die örtliche Buchhandlung und sagt, dass er etwas für einen Kranken suche. »Ebbas Religiös?«, erkundigt sich die Buchhändlerin. »Noe«, meint der Kunde, »s gohd ihm scho wieder besser!«

Der sparsame Kurt wird von einem Freund gefragt, warum er denn nun schon zum siebten Mal Vater wird. »Ha, woischt«, meint Kurt entschuldigend, »mir hend no so viel Wendla übrig ghed!«

Eberhard ruft seinen alten Schulfreund Friedrich an und fragt neugierig: »Du, i hann ghört, du warschd em Schifahra?« »Jo, des schdemmt.« »Ja, ond wo warschd du do?« »Ha, oi Woch en Vorarlberg ond de ander en Gips!«

Zwei Freunde unterhalten sich. »Du, Georg, bloß mol ahgnomma, wenn i ebbas mit dainer Frau ghed hedd, wärad mir no vrwandt?« Georg schüttelt bedächtig den Kopf: »Noe, vrwandt ned, aber quitt!«

Im Supermarkt trifft Berthold einen alten Bekannten: »Grüß dich, Gerhard, sag mol, hoschd du di vrändert. Koin Bart meh, koi Brill meh ond Bierbauch hoschd ao koin meh!« Ärgerlich schaut ihn der andere an: »Ich heiße überhaupt nicht Gerhard!« »Ach je«, bedauert Berthold, »ond Gerhard hoischt ao nemme!«

Daniel ist etwas schwer von Begriff. Seine Freundin probiert es mehrmals durch die Blume und versucht es schließlich so: »Möchdeschd denn du amol seha, wo i am Blenddarm operiert worda ben?« »Om Hemmels willa, noe!«, wehrt Daniel erschrocken ab. »Mir send Krankahäuser a Gräuel!«

Philipp fragt seinen Kumpel: »Was machschd du denn am Samschdagobend?« Der zuckt mit den Schultern: »Wahrscheinlich s Gleiche wie emmer, i vrreiß main Lottoschai!«

Ein Mann beichtet seinem besten Freund: »I hann a Vrhältnis mit dainer Frau!« Der Gehörnte: »Dieses vrlogane Stück! Mir hod se nämlich gsagt, se hedd an gut aussehenda, intelligenta Liebhaber!«

Herr Meier liegt auf den Knien und schrubbt den Flur, als sein Freund hereinkommt. »Des däd mir ned amol em Traum aifalla, so ebbas zom macha!«, entsetzt sich dieser. »Mir ao ned!«, stöhnt der Kniende und wischt sich den Schweiß von der Stirn. »Dui Idee stammt von mainer Frau!«

Ein junger Schriftsteller gesteht nach der Lesung in einer Buchhandlung einem Freund: »Mit Rücksicht auf main Hals hann i leider den Vortrag zemlich abkürza müssa.« »Wieso, bischd du erkäldad?« »Noi, des ned, aber diea Zuahörer hend ihn mir romdreha wella.«

Herbert trifft auf der Straße nach langer Zeit seinen alten Freund Gerd wieder: »Mensch, Gerd, dir sieht mr jo auf hondert Meter scho a, dass du enzwischa vrheiradad bischd! Frisch gwäschens Hemd, a bügelta Hos, blitzblanke Schuha!« »Jo«, sagt Gerd stolz, »des war ao s Erschde, was mir mai Frau beibrocht hod!«

FREUNDINNEN

»Stell dir vor, geschdern Morga ben i vrsehentlich en a Sauna naikomma, dui bis om zwölfe bloß für Männer reserviert war!«, erzählt Sabine lachend ihrer Freundin. Diese wird neugierig: »Ja ond, was hoschd du no gmacht?« »I hann no gsagt, Mädls, hend ihr zuafällig mai Brill gseha?«

Zwei Schulfreundinnen begegnen sich auf der Straße. Eine davon erkundigt sich nach dem Ehemann der anderen. Diese erzählt bedrückt: »Mai Ma ischd bereits drei Wocha noch onserer Hochzeit gschdorba.« »Ach je«, meint die andere mitleidsvoll, »aber no hod er wenigstens ned lang leida müssa!«

Die junge Frau ist sehr deprimiert und klagt einer Freundin ihr Leid: »Ach, mai Ma ischd koi bissle romantisch. Gestern Obend hann i ihn mit ra Blume em Mund empfanga. Was moinschd, wiea der reagiert hod?« »Koi Ahnung.« »Er hod mi gfrogt, ob i d Blumavas vrschluckt hedd!«

Ingeborg ruft ihre beste Freundin an. Doch diese klingt etwas gehetzt und erklärt ihr: »Du, i hann ned viel Zeit, dr neue Freund von mainer Tochter ischd grad komma ond do will i drzuaseha.« Dann zögert sie etwas und fügt hinzu: »Obwohl, wenn i seh, wie der scho zehn Minuta lang vrsucht, den Strohhalm en dui Capri-Sonne zom brenga, i glaub, do könnad mir ons scho a bissle Zeit lassa!«

Waltraut erzählt ihrer Freundin Dagmar: »Wo i da Manfred zom ersta Mol gseha hann, hods en maine Ohra gsummt, Glöckla hend gläudad, ond s Licht hod gflackert.« »Des war wohl de groß Liebe auf da ersta Blick?« »Noi, er hod Flipper gschbielt!«

Brigitte erzählt ihrer Kollegin: »Main Olaf kommt freitags emmer als Halbblut hoim.« Verständnislos schaut sie die Kollegin an: »Wiea moinschd du denn des?« »Ha, halb Blut, halb Alkohol!«

Anne-Marie schüttet ihrer besten Freundin ihr Herz aus. Diese ist fassungslos und meint: »Also, wenn des mit daim Ma wirklich so schlemm ischd, no reich doch am besta d Scheidung ai!« »Ha, des kommt jo überhaupt ned en Frog!«, protestiert die Ehefrau. »Sechsazwanzig Johr lang hann i den ertraga, jetzt will i ihn ao nemme glücklich macha!«

Lisa erzählt ihrer Freundin: »I hann doch heut mit em Manuel Schluss macha wella.« Die Freundin: »Jo, ond wiea hod er reagiert?« Lisa: »Er hod ›noi‹ gsagt!«

Zwei Freundinnen treffen sich beim Einkaufsbummel und kommen ins Gespräch. »Sag mol, wiea brengschd denn du dain Ma drzua, Rumpfbeuga oder Bauchmuskeltraining zom macha?« »Ganz oifach, i steck ihm d Fernbedienung zwischa saine Zeha!«

Zwei ehemalige Schulfreundinnen treffen sich in einem Café. Irgendwann kommt das Gespräch auch auf das Geld. »Was vrdienschd denn du em Monat?« Die andere meint bekümmert: »Ha, grad gnuag für a Woch!«

Eine Freundin flüstert mit geheimnisvoller Stimme: »Du, Ulla, i hann dain Ma am Baggersee mit ra Blondine gseha.« Ulla zuckt gleichgültig die Schultern: »Ja ond? Was hoschd denn du von ma erwachsena Ma erwarded? Oimerle ond Schaufl vielleicht?«

Es unterhalten sich zwei Freundinnen: »I däd jo so gern den Heiratsahtrag vom Johannes ahnemma, aber dr Alexander legt mir ständig Stoiner en da Weg.« »Ja, was für Stoiner denn?«, fragt die Freundin besorgt. »Diamanta, Saphire ond Rubine halt!«

Die kleine Leonie erzählt traurig ihrer besten Freundin: »Jedes Johr an maim Geburtstag gangad maine Eltern en da Zoo!« »Wieso denn des?«, fragt die Freundin erstaunt zurück. »Se schmeißad mit Stoiner noch em Storch!«

Gerda fragt ihre beste Freundin: »Sylvi, sag mol, woiß dain Bräutigam eigentlich dai richtigs Alter?« Die Braut nickt lächelnd: »Jo, zom Doil jedenfalls!«

Steffi berichtet stolz ihrer Freundin: »Du, Heidi, denk no, dr Fabian hod mi schee, gscheit ond interessant gfonda, ond no hod er mir an Heiratsahtrag gmacht!« »Ond, duaschd du ihn heirada?« »I werd mi hüata, an Ma zom heirada, der mi scho vor dr Ehe ahlügt!«

Die rasante Ilse wird von ihrer Freundin gefragt, wieso sie denn ständig ein Bild von der örtlichen Handballmannschaft mit sich herumtrage. Ilse: »Ja, du hoschd doch ao emmer a Bild vom Vatter von daim Kend bei dir!«

Dorothea erzählt ihrer besten Freundin am Telefon von dem eben entdeckten Wohnungseinbruch: »Denk no, diea hend main ganza Schmuck liega lassa!« »Heidawetter!«, staunt die Freundin. »No send aber wirklich Fachleut am Werk gwesa!«

Freundinnen unter sich: »Du, dai Goldkette ischd jo traumhaft schee ond so lang! Wo hoschd du denn dui her?« »Ach, dui hann i aus maine alte Vrlobungsreng macha lassa!«

Eine Freundin fragt die andere: »Du, Jessica, hoschd du scho von dem sensationella neua Schönheitsmittl ghört?« »Ja freilich, i vrwend des jo scho seit drei Wocha!« »Aha, i hann mirs doch glei denkt, dass des Zeug nix daugt!«

Am Tag nach der Wahl treffen sich zwei Freundinnen. »Wie hoschd denn du gwählt?«, will die eine wissen. »En maim lila Hosaahzug!«

Zwei Klassenkameradinnen treffen sich nach langer Zeit wieder. Fragt die eine: »Sag mol, was machschd denn du beruflich?« »I vrdoil d Rolla em Theater!« »Ha, do ben i aber sprachlos, dass du so ebbas kaschd. Du bischd doch en dr Schual ned de Hellscht gwesa!« »Ha noe«, wiegelt die andere bescheiden ab, »des ischd doch ao oifach. Auf jedes Klo müssad hald drei Rolla!«

Helga erkundigt sich bei ihrer frisch vermählten Freundin, wie denn ihr erstes Mittagessen gelungen sei. »Danke, eigentlich ganz guat. Morga kommt dr Tropf weg. Vielleicht ka er ab nägschd Woch scho wieder ens Gschäft!«

Monika trifft beim Einkaufsbummel ihre Schulfreundin Caroline. »Mensch, du bischd aber ganz schee rondlich worda en letschder Zeit!«, ruft Monika erstaunt aus. »I werd jo ao Mutter!« »Hoi, ond wer ischd dr Vatter?«, will Monika wissen. Da blockt Caroline unwirsch ab: »Ach, diea kennschd du älle ned!«

Die flotte Babsi erzählt ihrer Freundin: »I hann mi geschdern scho wieder mit maim Ma gschdritta!« »Ond, wer hod gwonna?«, will diese wissen. »Dr Juwelier!«

Zwei Freundinnen unterhalten sich. »Woischd du, dass onser Schualfraindin Laura auf faschd vierzig Heiratsanzeiga gschrieba hod?« »Wahnsinn! Ond dr Erfolg?« »Gleich null!« »Aber soviel i woiß, ischd se doch vrheiradad?« »Jo, mit der Null!«

Im Internat unterhalten sich zwei Schülerinnen. »Hoschd du scho ghört, dass dui Neua, wo em Hochbett über dir schloft, Bettnässerin ischd?« Die Angesprochene schüttelt erstaunt den Kopf: »Noe, bis jetzt ischd no nix zo mir durchgsickert!«

Erika klagt bei ihrer besten Freundin: »Glaubschd du, i halds bald nemme bei maim Ma drhoim aus. Der meckert bloß no ond hilft mir koin Fatz em Haushalt. I hann scho zwölf Kilo abgnomma.« »Ond worom loschd du di no ned scheida?« »I ward, bis i auf achtafuffzig Kilo ben!«

Zwei Freundinnen unterhalten sich im Café. »I hann kürzlich zemlich Sprachschwierigkeita ghed. Statt ›I will no an Wai trenka‹ hann i gsagt: ›I will no an Trai wenka.‹« Die andere nickt. »Mir ischs gestern ao so ganga. I hann zo maim Ma saga wella: ›Gib mir ao d Kaffekann rüber‹ ond schdattdessa hann i gsagt: ›Du Vollidiot hoschd mir mai ganz Leba vrsaut!‹«

Die junge Witwe erzählt ihrer Freundin im Bistro: »Mai Ma hod em Testament verfügt, dass i für zehntausend Euro an bsonders schöna Stoi kaufa soll.« Dann zeigt sie der Freundin ihre Hand mit einem funkelnden Brillantring und fragt: »Des ischd doch an bsonders schöner Stoi, oder ned?«

Wütend beklagt sich Vreni bei ihrer Freundin am Handy: »I hann jetzt d Nas voll mit dera Warterei! Seit am siebane wart i scho auf da Jörg ond jetzt ischs bald achte!« »Des ischd jo a granadamäßiga Sauerei!«, bestätigt die Freundin eifrig. »Wann hend ihr euch denn treffa wella?« »Ha, am fenfe!«

Ein Gast verlangt den Geschäftsführer und sagt: »Dädad Sie dui Supp bitte probiera!« »Wenn der Herr ned zfrieda ischd, brengad mir Ihne gern a neua Supp!« Der Gast wird lauter: »Siea sollad dui Supp bloß probiera!« »Wenn se vrsalza ischd?« »Bloß probiera!«, brüllt der Gast. Zitternd beugt sich der Geschäftsführer nieder und sein Blick gleitet suchend über den Tisch. »Aber do fehlt jo dr Löffl!« Da seufzt der Gast: »Ja, endlich merkt des amol jemand!«

Der Gast ist etwas aufgebracht: »Herr Ober, i hann mit großem Bedaura feststella müssa, dass diea Essensportiona sehr viel kloiner worda send en letzter Zeit!« Der Ober beugt sich zu dem Gast hinab und flüstert: »Em Vrtraua, mein Herr, des ischd bloß a optischa Täuschung, mir hend doch s Lokal vrgrößert!«

Der Restaurantleiter ruft den Ober zu sich und fragt hinter vorgehaltener Hand: »Was hod denn der Gast eigentlich vorher ens Beschwerdebuch gschrieba?« Der Ober leise: »Gschrieba hod er nix, er hod hald bloß sai Schnitzl naiklebt!«

Der Gast ist sichtlich erzürnt: »Herr Ober, holad Se bitte da Gschäftsführer! I ess dieses undefinierbare Gericht ned!« Der Ober geflissentlich: »Des ischd leider sinnlos, des ka i Ihne glei saga, der isst des ao ned!«

Der sparsame Michael hat seine Frau ausnahmsweise zu einem Restaurantbesuch eingeladen. Er studiert die Speisekarte und erschrickt wegen der Preise. Dann fragt er sie höflich: »Na, was will denn mai klains Dickerle heut essa?«

Zwei Freunde kommen in ein Restaurant und jeder bestellt eine Apfelschorle. Dann packt jeder ein belegtes Brot aus und sie beginnen zu essen. Es dauert nicht lange, da kommt der Wirt an ihren Tisch und schimpft: »Meine Herra, also des gohd so ned, dass Sie do Ihre eigene Vesperbrot essad!« Die beiden zucken mit den Schultern und einer brummt ärgerlich: »Also, wenn der moint, no dauschad mir onsere Brot oifach aus!«

Ein Gast steht an der Rezeption eines kleinen Dorfgasthofes. »Mein Name ischd Hecht. I hann a Einzlzemmer bei Ihne bschdellt.« Der Wirt nickt und fragt: »Mit fließendem Wasser?« Worauf der Gast lächelnd antwortet: »Des ischd ned nötig, i hoiß bloß so!«

Zwei Vertreter übernachten in der Pension einer ledigen Dame. Ein Jahr später erhält einer davon Post von einem Notar. Er ruft sofort seinen Kollegen an: »Sag mol, hoschd du domols mit dera Pensionsbesitzerin a Techtlmechtl ghed, wo mir dort übernachdad hend, ond hoschd ihra aber main Nama ond mai Adress geba?« Geknickt gesteht der andere: »Jo, sei mir bitte ned bös, aber des hedd mai Frau niemols erfahra dürfa.« Doch der beruhigt ihn: »Worom soll i denn bös sai? Dui Pensionsbesitzerin hod mir ihr ganz Haus vererbt!«

Der Ober beobachtet misstrauisch einen Gast, der sich heftig mit seinem servierten Fisch auseinanderzusetzen scheint. Schließlich fragt er ihn: »Führad Sie a Zwiegespräch mit dem Fisch?« Kopfschüttelnd erklärt der Gast: »Noi, i mach ihm grad Vorwürf, wiea an frischer Fisch ao bloß so stenka ka!«

Daniel ist wütend: »Herr Ober, des Schnitzl do ischd aber furchtbar zäh!« Der Ober verbindlich: »Kann i Ihne stattdessa a Kotlett brenga?« »Aber i hann des Schnitzl doch scho ahbissa!« »Des macht nix, mir hend ao ahbissane Kotletts!«

Herr Günther ist Gast in einem Restaurant: »Brengad Siea mir bitte den Taflspitz mit Kartofflklöß.« Der Ober bedauert: »Ischd leider nemme do.« »No brengad Se mir eba Wiener Schnitzl mit Kartofflsalat.« Ober: »Ischd ao nemme do.« Da wird der Gast wütend: »Zom Donnderwetter nomol, no gang i hald wieder! Brengad Sie mir bitte main Mantl!« Ober: »Der ischd leider ao nemme do!«

Der Oberkellner sagt gereizt zu dem Gast: »Mein Herr, Sie könnad doch ned dr ganze Obend do am Disch sitza, ohne ebbas zom bschdella!« Worauf der Gast erwidert: »Also, wenn des so ischd, dann bschdellad Se Ihrem Koch an schöna Gruaß!«

Ein älteres Pärchen bestellt in einem Restaurant Hähnchen. Der Ober bringt jedem eine Schale Zitronenwasser. Die Frau schaut das Gefäß misstrauisch an und fragt ihren Mann: »Hoschd du scho ebbas zom Trenka bschdelld?« Er schüttelt den Kopf. »Ja, ond was ischd no des do?« »Des woiß doch i ned, frog hald da Ober.« Auf die Rückfrage antwortet der Ober: »Gnädige Frau, das ist zum Händewaschen.« Worauf der Mann lakonisch meint: »Siehschd, wer domm frogt, kriegat a domma Antwort!«

Der freundliche Kellner im Balkan-Grill fragt den Landwirt, der gerade vom Wochenmarkt kommt: »Wiea wärs vor em Essa mit ma Slibowitz?« Der Bauer antwortet sichtlich angetan: »Gern, no vrzehlad Se mol!«

»Sie, der Kaffee war kalt!«, räsoniert der Gast, als der Ober bei ihm abkassiert. »Au, s ischd guat, dass Sies sagad! Eiskaffee koschdad zwoi Euro mehr!«

Siegfried, für seinen großen Durst bekannt, sieht sich in der neu eröffneten Gaststätte seines Heimatdorfes um und bestellt bei der Bedienung einen Maßkrug Bier. Die Kellnerin bedauert: »Mir hend bloß Zwoizehntl-Gläser.« Worauf der Siegfried brummt: »Von mir aus, wenn Sies vrlaufa kennad!«

Der Kellner serviert Pfannkuchen. Herr Eberwein stiert auf seinen Teller und sagt dann höflich: »Eigentlich hann i a Supp bschdellt ghed!« Worauf der Ober losbrüllt: »Des hann i gern! Schdondalang bleed romhocka ond no motza!«

Der Gast winkt dem Ober. Dieser eilt herbei. »Was kann ich für Sie tun?« »Send Se so lieab ond brengad mir d Rechnung, bitte!« »Gern, mein Herr!«, dienert der Ober. Worauf der Gast sarkastisch hinzufügt: »Aber flambiert, bitte!«

Der Chefkoch gibt dem Lehrling noch letzte Anweisungen für das Spanferkelessen. »Sobald dui Sau aus em Ofa kommt, servierschd se du mit ra Tomat em Maul ond Peterling en de Ohra!« Der junge Mann nickt nachdenklich und fragt dann zurück: »Sagad Se mol, Chef, sieht denn des ned komisch aus, wenn i so drherkomm?«

Frau Peterle rügt ärgerlich die Bedienung: »I hann doch an Kaffee bschdellt, wo ned so schdark ischd. Wann brengad Siea den endlich?« Worauf sich die Bedienung entschuldigt: »Sie, der ischd so schwach, der muass sich zerscht no a bissle en dr Kann ausruha!«

»**Gell, Sie send neu hier en dem Hotel?**«, strahlt der Gast den Empfangschef an. »Ja, stemmt!«, bestätigt dieser. »Aber wie kommad Sie do drauf?« »Weil Siea no rot werdad, wenn Se diea Preise sagad!«

Ein älteres Ehepaar plant einen Urlaub. Er ruft in einem Hotel an und fragt nach einem Doppelzimmer. Aber es ist nur noch die Hochzeitssuite frei. »Ach, wissad Se, ahm, mir send scho vierzig Johr vrheiradad, ahm …«, druckst der Mann herum. Da beruhigt ihn der Portier: »Wenn i Siea em Ballsaal onderbrenga däd, müssdad Siea dort ao ned de ganz Nacht danza!«

Ein junges, attraktives Paar sitzt in einem vornehmen Lokal. Plötzlich kommt der Geschäftsführer angerannt: »Hend Sie denn ned bemerkt, dass Ihr Mann grad ondern Tisch grutscht ischd?« Die junge Dame schüttelt den Kopf. »Sie täuschad sich, mai Mann ischd grad zur Tür raikomma!«

Im Restaurant klingelt das Telefon. Der neue Kellner meldet sich. Eine männliche Stimme fragt: »Könnt i jetzt bei Ihne an Disch bschdella?« Da brüllt der Angestellte los: »Noe! Wiea oft soll i Ihne des no saga? Mir vrkaufad koine Möbel!«

Der Gourmet-Kritiker wird nach dem Besuch in einem bedeutenden Feinschmecker-Restaurant gefragt, was er denn für einen Eindruck hätte. Der Kritiker lächelt: »En ma sehr kultivierta Ambiente erhält dr Gast Portiona, diea es ihm erlaubad, den Ahblick von dem kostbara Porzellan zu genieße!«

Beifall heischend schaut der Kellner den angeheiterten Gast an: »Na, ischd der Wai ned a Gedicht?« »Jo, hicks!«, murmelt der Mann zustimmend. »Hend Se mir nomol a Strophe?«

Im Restaurant bittet eine gut gekleidete ältere Dame den Ober, die Klimaanlage schwächer zu stellen. Kurze Zeit später fächelt sie sich mit der Speisekarte Luft zu und bittet ihn, die Klimaanlage wieder etwas höher zu stellen. Das wiederholt sich mehrere Male. Ein anderer Gast fragt den Ober leise, ob ihn denn das nicht nerve. Sagt der lächelnd: »Überhaupt ned. Wissad Se, mir hend gar koi Klimaahlag!«

Ein Hotelgast trägt sich in den Anmeldebogen ein. Da läuft eine Wanze über das Papier. Total entrüstet ruft er aus: »I gang wieder! Dass es en manche Hotels Wanza gibt, hann i jo scho ghört, aber dass diea glei noch dr Zemmernummer guckad, des gohd z weit!«

Der Wirt winkt seinen Ober her: »Hod des Pärle vom Disch zwölf scho ebbas bschdellt?« Bedauernd schüttelt der Ober den Kopf: »Bisher no ned. Sui zählt grad no d Kaloriea ond er s Geld!«

Der Lärm auf dem Hotelflur nimmt kein Ende. Schlaflos wälzt sich der Tourist in seinem Bett hin und her. Schließlich ruft er den Nachtportier an und beschwert sich. Dieser gibt sich zerknirscht: »Entschuldigad Se no, aber mir könnad d Feuerwehr ned zwenga, leiser zom löscha!«

GROSSELTERN

Der Opa besucht seinen Enkel. »Jetzt vrzehl no, wiea gohds denn maim Goldschatz?« Der kleine Daniel zieht eine Stirnfalte: »Eigentlich ganz guad, Oba, bloß mit daim Jonga hann i ab ond zua wüaschde Ausanandersetzunga!«

Der 17-jährige Fred sagt zu seiner Mutter: »Dr Oba hod scho recht ghed, wo er gsagt hod, i soll niemols en den neua Nachtclub ganga, weil es do Sacha gibt, diea i ned seha sodd!« »Ond was hoschd du do gseha?« »Dr Oba!«

Oma und Opa feiern Goldene Hochzeit und man kommt unter anderem auch auf die Hochzeitsnacht zu sprechen. »Woischd du no, domols?«, erinnert sie sich. »Du hoschd so a Bressiererei ghed, dass i ned amol Zeit ghed hann, maine Strempf auszomzieha!« »Jo, jo, des woiß i no guat!«, bestätigt er in Erinnerungen schwelgend. »Ond heut hoschd du so viel Zeit, dass du vorher no a Pärle stricka kaschd!«

Die Mutter mahnt ihren Sohn: »Du, Willi, d Oma ischd arg krank. Gang nauf ens Schlofzemmer ond sag ihr ebbas Netts.« Willi geht an Omas Bett und fragt fürsorglich: »Du, Oma, dädeschd du di fraia, wenn i bei deiner Beerdigung auf mainer Flöte spiel?«

Der Lokalreporter soll über eine Goldene Hochzeit schreiben. Alle anwesenden Gäste schwärmen von der überaus harmonischen Ehe ohne jeglichen Streit und Widerworte. Er fragt für seine Leser nach dem Geheimnis dieser wunderbaren Ehe. Der Ehemann klärt ihn auf: »Des war bei onserm Hochzeitsurlaub en Ägypten, do hend mir Kamelreita gmacht. Des Kamel von mainer Frau hod scho bockad, wo se aufgschdiega ischd. No hod se bloß gsagt: ›Eins!‹ No send mir a Weile gritta, no hod des Kamel von mainer Frau wieder bockad, no hod se gsagt: ›Zwei!‹ No send mir wieder a Weile gritta, no hod des Kamel von mainer Frau so bockad, dass se rondergfalla ischd. No hod mai Frau ›Drei!‹ gsagt, hod da Revolver zoga ond des Kamel vrschossa. No hann i zu mainer Frau gsagt: ›Schatz, moinschd ned, dass du do a bissle zu weit ganga bischd?‹ No hod se bloß gsagt: ›Eins!‹«

Der Opa belehrt den Enkelsohn über seine praktischen Erfahrungen mit Krankheiten: »Zor bessera Vrdauung trenk i Bier, bei Appetitlosigkeit trenk i Weißwai, bei niedrigem Blutdruck Sekt, bei hohem Blutdruck Cognac ond wenn i erkältet ben, trenk i an hoißa Rum.« »Ond wann trenkschd du Wasser?«, will der Enkel wissen. »Ha, so a Krankheit hann i no niea ghed!«

Zwei Omas unterhalten sich. »Main Enkel heiradad bald.« »Ach, wiea schee. Woher kommt denn sai Braut?« »Aus Facebook. I ka dir allerdings ned saga, wo des liegt!«

Ein 76-jähriger Golfer kommt völlig deprimiert von einem Turnier heim und bekennt seiner Frau: »Du, Schatz, i seh nemme, wo der Ball nahflieagt. Des ischd so furchtbar für mi, wo i doch so gern Golf spiel.« Die Gattin rät: »Nemm doch main Bruder mit, der ischd zwor zwölf Johr älter, aber der hod no Auga wie an Luchs.« Der Mann ist begeistert. Am nächsten Tag steht er mit seinem Schwager auf dem Golfplatz und macht einen sensationellen Abschlag. Er fragt seinen Schwager: »Ond, hoschd du gseha, wo er nah ischd?« »Selbstvrschdändlich!«, bestätigt ihm der Bruder seiner Frau. »Ond, wo ischd er nah?« Der Schwager zuckt mit den Schultern und meint bedauernd: »Des duad mir loid, aber des woiß i nemme!«

Der Großvater übt mit seiner kleinen Enkelin Rechenaufgaben: »Anschelinale, stell dir amol a Haus vor mit zwanzig Stockwerk. Zo jedam Stockwerk führad zwanzig Stufa. Wiea viel Stufa muaschd du naufschdeiga, bis du ganz oba bischd?« Angelina antwortet spontan: »Älle, Oba!«

Die kleine Viola kommt sehr enttäuscht von den Großeltern nach Hause. »Zo dene gang i nemme!«, verkündet sie entschlossen. »Diea sitzad bloß auf em Sofa rom ond hend nix ah!« Die Mutter schreckt hoch: »Nix ah?« »Jo, rein gar nix. Koin Fernseher, koi Radio ond koin CD-Spieler!«

Der kleine Patrick ruft stolz: »Mama, guck mol, i hann a Gebiss!« Die Mutter erstaunt: »Hoe, wo hoschd denn du des her?« »Vom Oba.« »Ond was hod dr Oba do drzua gsagt?« »Bib mir bibbe mai Bebiff bieber!«

Die Oma Lene ruft ihren Enkel an: »Kannschd du bitte gschwend zo mir komma? Du solldeschd mir ebbas helfa lupfa.« Der Enkel: »Klar, Oma, i ess bloß no schnell fertig.« Vier Stunden später ruft die Großmutter noch einmal an: »Du bischd jo emmer no ned do, was dusch denn essa?« Er: »An Kaugommi!«

Oma und Opa gehen zum ersten Mal in ein Ballett. Am nächsten Tag werden sie von den Enkelkindern gefragt, wie es ihnen denn gefallen hat. Da schwärmt die Oma: »S war ganz arg schee. Diea Tänzerinna warad älle so nett. Wo se gmerkt hend, dass dr Oba aigschlofa ischd, hend se auf de Zehaspitza weitertanzt!«

Die Enkelin erkundigt sich neugierig: »Jetzt, Oma, erzähl mol, brengt dir des neue Hörgerät ao ebbas?« Die Großmutter nickt lächelnd: »Viel sogar! I hann jetzt scho dreimol mai Testament gändert!«

Der kleine Enkel ist mit seiner Oma unterwegs. Plötzlich streckt er einem Mann die Zunge heraus. Die Oma rügt ihn deswegen. Da erklärt der Kleine lächelnd: »Woisch, Oma, des war onser Dokter. Bei dem muss i des emmer so macha!«

Die kleine Katharina steht mit ihrer Oma vor einem Freigehege. »So a schöns Pferd!«, ruft die Oma begeistert aus und fügt hinzu: »Schatz, was moinschd ao, was des Pferdle saga däd, wenn es sprecha könnt?« Die Kleine trocken: »I ben fai an Esel!«

Die Oma fragt den kleinen Uli: »Hoschd du ao emmer schee brav dain Lebertran gnomma?« Uli nickt bestätigend: »Aber sicher, Oma, emmer a ganza Gabl voll!«

Der Großvater erzählt dem kleinen Lukas: »Wo i domols en Alaska war, ben i von acht Wölf ahgfalla worda.« Der Kleine schüttelt den Kopf: »Aber Oba, letschd Johr hoschd du gsagt, es seiad bloß vier Wölf gwesa!« »Ja, Bua, woischd, do warschd du ao no z jong, om dui ganza Wahrheit zom erfahra!«

Oma, Mutter und der zwölfjährige Sohn sitzen im Restaurant bei Kaffee und Kuchen. Die Oma will, wie immer, unbedingt bezahlen, was ihre Tochter nervt. »I zahl! Du vrschleuderscht jo sonschd mai Erbe!« »Ond du mains!«, korrigiert sie da der Junior trocken!

Opa Peter liest seinem kleinen Enkel Ruben ein Märchen vor. Kurz vor Schluss blickt er auf und fragt: »Woischd du, mit was der Prinz des Dornrösle aus ihrem Tiefschlof gweckt hod?« Ruben weiß keine Antwort. Der Opa hilft ihm: »Denk doch amol noch, es ischd des, was dir dai Mama morgens emmer gibt.« Da strahlt der Kleine: »A Multi-Vitamin-Tablett!«

Der Notar liest dem erwartungsvoll dreinblickenden Enkel Philipp, als einzigem Anwesenden, das Testament des steinreichen Großvaters vor: »Mein gesamtes Vermögen vermache ich der Kirche. Und meinem nichtsnutzigen Enkel Philipp, dem ich versprach, ihn in meinem Testament zu erwähnen, ein herzliches: So, Kerle, jetzt muaschd endlich selber ebbas schaffa!«

Die kleine Clara und ihre etwas größere Schwester Marie dürfen mal wieder bei der Oma Lore übernachten. Beim Nachtgebet schreit Clara plötzlich los: »Lieber Gott, i wünsch mir so arg Schlittschuha ond a Schiausrüstung!« Da rügt sie Marie: »Was schreischd du denn so? Dr liebe Gott ischd doch ned schwerhörig!« Leise erklärt Clara: »Dr liebe Gott ned, aber d Oma!«

Die Oma fragt ihren kleinen Enkel, ob ihm denn der Kuchen geschmeckt hätte, den sie ihm gebacken hatte. »Des woiß i ned, i hann ihn mainer Lehrerin gschenkt.« »Ond, hods dera gschmeckt?«, will die Oma dann wissen. »Koi Ahnung, se ischd seitdem nemme zom Onderricht erschiena!«

»Urs, du muaschd jetzt dapfertle ens Bett«, sagt die Oma zu ihrem Enkel, »dr Sandmann kommt glei!« Der Kleine nickt verständnisvoll und meint: »Älles klar, Oma! Du gibschd mir fenf Euro, no erfährt von mir niemand ebbas!«

»Weil du so brav warschd, derfschd du dir aus dera Guck a Hand voll Bombola rausnemma«, sagt Opa Waldemar zu seinem kleinen Enkel. »Oba, kaschd denn du se mir ned rauslanga?«, bittet der Kleine. »Bischd du so schüchtern?«, fragt der Großvater gerührt. »Noe, Oba, aber dai Hand ischd größer!«

Oma Lieselotte ist wieder einmal zu Besuch und sagt gönnerhaft zu ihrer Enkelin: »Judithle, du derfscht dir zo Weihnachta von mir a schöns Buch wünscha!« »Au super!«, freut sich die Kleine. »No wünsch i mir dai Sparbuch!«

Opa und Oma sind etwas vergesslich geworden. Sie: »Holschd ons a Eis. I will Vanill ond Schoklad ond du nemmschd sicher wieder Zitron ond Erdbeer.« »Jo!« »Schreib dirs auf, dass du des ned wieder vrgischd!« »Noe, des bissle ka i ao so bhalda!« Er kommt mit zwei halben Hähnchen heim. Sie keift: »Siehschd, i hann doch gsagt, schreibs auf, jetzt hoschd maine Pommfritt vrgessa!«

Der kleine Marco kommt nach Hause. Sein Opa fragt ihn neugierig: »Na, Marco, was hend ihr denn heut en dr Schual gmacht?« »Mir hend da gmeinsama Nenner gsuacht, Oba!« »Ja, jetzt ka i gar nemme. Hend diea Lehrer den emmer no ned gfonda? Den hend mir jo domols scho suacha müssa!«

Eine ältere Dame will auf der Bank einen Scheck einlösen. »Sodale, jetzt müssad Siea no auf dr Rückseite onderschreiba«, erklärt der Mann hinter dem Schalter. »Wiea muss i denn onderschreiba?«, fragt sie unsicher. »So, wiea Se ao Ihre Brief onderschreibad!« Da schreibt die Dame: Eure euch liebende Omi!

Der Besuch fragt die kleine Tanja: »Sag mol, Schätzle, woischd du denn, wie alt dai Oma ischd?« Sie zuckt mit den Schultern und meint: »Koi Ahnung, dui war scho do, wo i komma ben!«

Das Telefon klingelt. Der kleine Luca meldet sich mit leiser Stimme. Eine Dame fragt nach seinen Eltern. Luca flüstert: »Diea send em Schlofzemmer.« Die Dame bedankt sich mit dem Hinweis, dass sie dann eben später noch einmal anrufe. Der nächste Anruf. Luca meldet sich leise. »Send se jetzt do?« »Noe, se send auf dr Bühne oba.« Dritter Anruf: »Send se jetzt do?« »Noe, jetzt send se em Keller.« Genervte Frage der Dame: »Ja, was dend se denn dauernd, was suchad se denn?« Luca flüstert: »Mi!«

Der kleine Kevin geht in ein Möbelgeschäft und will einen Esstisch kaufen. Der Verkäufer sagt zu ihm: »Ha, du bischd doch no a Kend. Zo was brauchschd denn du an oigena Esstisch?« Kevin sagt eifrig: »Main Vatter secht hald emmer zo mir, dass i doa müss, was er secht, solang i maine Füaß onder sain Disch streck! Ond jetzt schmeiß i den alta Tisch weg ond stell main oigena nah!«

Tinchen fragt ihren Vater: »Baba, ka i von dir zehn Euro hann?« Missmutig schimpft dieser: »I hör von dir emmer bloß, ka i hann! Denk doch ao amol ans Geba!« Die Kleine nickt und sagt dann: »En Ordnung. Könndeschd du mir zehn Euro geba?«

Die Mutter sagt zu ihrem Töchterchen: »Sei ao so guat, gang en Keller nonder ond hol a Flasch Sprudl rauf.« Die Tochter widerwillig: »Ond wieso gohschd denn du ned selber?« »Weil du de jüngere Füaß hoschd.« »Mir wärs aber lieaber, wenn mir zerscht amol daine alte Füaß aufbraucha dädad!«

Der neugeborene Sohn des Taschendiebs bekommt von der Hebamme gleich zwei Klapse auf den Hintern. Der Vater stellt sie zur Rede: »Worom hend Sie ihn glei zwoimol ghaua?« »Ha, oimol, dass er mit Schnaufa ahfangt, ond zom andera, dass er mai Armbanduhr loslässt!«

Der örtliche Stadtpfarrer stattet dem Kindergarten einen Besuch ab. Er fragt ein kleines Mädchen: »Woischd denn du, wer i ben?« Die Kleine nickt eifrig: »Ha klar, du bischd der Nochrichtasprecher aus dr Kirch!«

Der kleine Paul betrachtet im Kindergarten die ziemlich flach gebaute Erzieherin ausgiebig und fragt dann: »Hoschd denn du koi Bruscht?« Völlig irritiert stammelt die Kindergärtnerin: »Ha freilich!« Der Kleine nickt und meint: »Könndeschd du dui morga amol mitbrenga?«

Der Vater klärt seinen Sohn auf. »Also, du muschd des endlich amol erfahra. Dr Osterhas ond dr Niklaus, des ben emmer i gwesa!« »Des woiß i doch längschd!«, beruhigt ihn da der Kleine, »bloß dr Klapperstorch, des war dr Onkl Jochen!«

Der Familienvater kommt mit ernster Miene zu seiner Frau und meint besorgt: »Du, i glaub, onser Buale traut ons ned.« »Wiea kommschd du denn jetzt ao do drauf?« »Denk dir no, er hod für saine zehn Euro Daschageld a Nummrakonto en dr Schweiz ahglegt!«

Der Junior fragt: »Baba, kaschd du ao em Donkla schreiba?« Der Vater nickt: »Wenns ned viel ischd, gohd des scho!« Der Sohnemann erleichtert: »Super, du brauchschd bloß mai Zeugnis onderschreiba!«

Die Mutter rügt ihre Tochter am Mittagstisch: »Was bassiert mit de kloine Mädla, diea ihre Spätzla ned aufessad?« Wie aus der Pistole geschossen kommt die Antwort: »Diea bleibad schlank ond werdad Germanys next Topmodel, Mama!«

Der Vater füllt seinen wöchentlichen Lottoschein aus. Die kleine Tochter schaut ihm dabei zu. Da fragt er sie: »Was dädeschd denn du macha, wenn du richtig viel Geld heddeschd?« Nach kurzer Überlegung kommt die Antwort: »I däd mir a weiß Kloid kaufa, weiße Kniestrümpf ond weiße Schuha ond mi no en a richtig großa Drecklach schmeißa!«

Beim Kindergartenausflug bleiben die Kleinen stehen und schauen den Kühen auf der Weide zu. Die kleine Malin sagt zu ihrer Erzieherin:»Frau Schmid, mi däd des echt entressiera, wo die Küha emmer den ganza Kaugummi herkriegad!«

Die Mutter erklärt ihrem kleinen Sohn auf dessen Nachfrage, wie eine Geburt abläuft.»Also, zerscht kommt s Köpfle, dann d Schultera, d Ärm und dr Körper ond zletschda dann d Füßla.« Der Kleine nickt nachdenklich und fragt dann:»Ja, ond wer baut dann des Kend zemma?«

Der Vater fährt seine Tochter zum Kindergarten. Plötzlich hupt er und entschuldigt sich:»Des war grad a Vrseha.« Die kleine Tochter:»Des woiß i doch, Baba.« Der Vater verwundert: »Wieso woischd denn du des?« »Ha, weil du noch em Hupa ned ›Blödmann‹ gsagt hoschd!«

Die kleine Svenja und die gleichaltrige Friedlinde spielen mit ihren Puppen. Plötzlich sagt die eine:»Ätsch, i woiß scho, wiea ma Kender krieagt!« »Des ischd no gar nix!«, wiegelt die andere ab.»I woiß scho, wiea ma koine krieagt!«

Familie Eisenmann sitzt um den Mittagstisch. Es gibt Spinat mit Salzkartoffeln. Die drei Kinder stochern lustlos im Essen herum. Die Mutter wird böse. Da isst der Vater aus Gutmütigkeit die Teller seiner Kinder leer. Worauf der Kleinste kräht:»Gell, Mama, wenn mir da Baba ned heddad, müssdad mir ons a Sau herdoa!«

Vater und Sohn gehen spazieren. Plötzlich grüßt der Kleine einen wildfremden Mann. Da fragt der Vater: »Wer war denn des?« »Des ischd oiner vom Umweltschutz, der frogt d Mama emmer, ob d Luft rein ischd!«

Der kleine Benedikt fragt seine Mutter: »Mama, was macht eigentlich dr Storch, nochdem er diea Kender abgliefert hod?« Die Mutter verzieht missmutig ihr Gesicht: »Er liegt auf em Sofa, trenkt Bier ond guckt Bundesliga em Fernseha ah!«

Der kleine Ralf ist zum ersten Mal in einem Ferienlager in Norddeutschland. Er ist der einzige Schwabe dort. Da ruft er seiner Mutter an und erzählt: »Woischd, Mama, s ischd jo scho schee dohoba ond send ao älle lieab zo mir, aber i ben hald dr Oinzige, wo reacht schwätza ka!«

Die kleine Sabrina erzählt ihren Eltern beim Mittagessen, dass ihre beste Schulfreundin Annette sitzen geblieben ist. Die Mutter tröstet die Tochter: »Woischd, do ka d Annette nix drfür, dera ihre Eltern send ned de Hellschde!« Erleichtert atmet Sabrina auf: »No ben i aber froh, dass ihr des so sehad, i ben nämlich ao sitza blieba!

Auf dem Spielplatz fragt plötzlich ein kleines Mädchen ihren Spielkameraden, ob er sie denn heiraten würde, wenn sie beide groß wären. Der Junge schüttelt bedauernd den Kopf: »Woischd, des ischd bei ons drhoim a bissle schwierig, mir heiradad emmer bloß onderanander. Mai Mama main Baba, mai Oma da Oba, mai Dande main Onkel. Ond so gohds grad ahne!«

Peterle kommt von der Schule nach Hause: »Du Mama, mir hend morga zom erschda Mol Sexualkundeonderricht. I däd vorsichtshalber morga früha duscha ond a saubera Onderhos ahzieha!«

Die kleine Simone steht in der Metzgerei und liest aus einem mitgebrachten Zettel vor: »An Reng Schwarzwurscht, a Pfond Schenkawurscht, a halb Pfond Gelbwurscht, ond bass ao guad auf, dass der Bscheißer ned wieder mit dr Hand dui Woog nonderdruckt!«

Der Papa besucht mit seiner kleinen Tochter die Mutter im Krankenhaus. »Hilfschd du no ao em Baba feschde, wenn i ned do ben?«, fragt die Mutter besorgt. »Ha klar!«, bestätigt die Kleine stolz. »Erscht geschdern hann i alloi für über zehn Euro leere Bierflascha en da Getränkemarkt brocht!«

Der fünfjährige Maximilian hat Drillinge als Geschwisterchen bekommen. Neugierig fragt ihn die Nachbarin: »Ja, wie hoißad denn deine neue Brüderla?« Der Kleine grübelt ein bisschen: »Also, main Baba war am Telefo, wos Krankahaus ahgrufa hod, ond wenn ihs richtig vrschdanda hann, hoißad se: ›Himmel, Arsch ond Zwirn‹!«

Der kleine Timmi sagt: »Du, Baba, i woiß an ganz tolla Witz!« Erwartungsvoll blickt ihn der Vater an: »Au guad, erzähl mol, Timmi!« Bedauernd schüttelt der Kleine den Kopf: »Noe, des gohd leider ned. I ben doch no z jong drfür!«

Die Familie sitzt beim Abendessen. Das Telefon klingelt. Der fünfjährige Benjamin hechtet zum Hörer und meldet sich. Er hört kurz zu und ruft seinem Vater mit dem Hörer in der Hand zu: »Du, Baba, do ischd dain Chef, der alte Sklavatreiber. Soll i ihm ausrichda, dass du heut Obend gsagt hoschd, er könn di bald am Buckl küssa?«

Der kleine Marvin läuft in das Schlafzimmer seiner Eltern und hält die Hand auf: »Baba, kaschd du mir bitte fenf Euro geba? Ach, du bischds, Onkel Martin! Kaschd du mir bitte fuffzig Euro geba?«

Der Sohn stöbert in alten Fotoalben. Missmutig rennt er in die Küche und murrt seine Mutter an: »I hann grad a Kenderfoto von mir entdeckt, mit kurze Hosa ond lange Strümpf, die am Onderhemd festgmacht warad. Jetzt woiß i endlich, worom früher niemand mit mir hod spiela wella!«

JUNGGESELLEN

Der flotte Heiner ist wieder einmal auf der Flucht vor einem zu früh heimkehrenden Ehemann mitten in der Nacht im Adamskostüm unterwegs. Prompt läuft er einer Polizeistreife in die Hände. Der eine Polizist will ihn festnehmen, doch sein Kollege wiegelt ab. »Lass ihn, des ischd dr Heiner, den kenn i, der ischd grad wieder amol en de Schaffkloider onderwegs!«

Ein Junggeselle wird gefragt, ob er sich denn nicht mal langsam verheiraten möchte. »Ach«, sagt der, »wega was ao? I hann zwoi Schwestera, diea sich om mi kümmerad. I werd von dene mit ällam vrsorgt, was i brauch.« Man hält dem Junggesellen entgegen, dass auch zwei Schwestern doch niemals eine liebevolle Gattin ersetzen könnten. Die Antwort: »Worom denn ned? Des send jo ned maine Schwestera!«

Marius ist ziemlich schüchtern, möchte aber trotzdem die attraktive junge Dame ansprechen, die neben ihm im Flugzeug am Fenster sitzt. Schließlich fällt ihm ein Gesprächsaufhänger ein und er sagt: »Entschuldigad Se, Frailain, fliegad Siea ao mit dem Flugzeug?«

Der Junggeselle wird am nächsten Morgen von dem Wohnungsnachbarn angesprochen: »Hend Siea denn gestern Nacht gar ned ghört, dass mir dauernd an Ihr Wand klopft hend?« Er wehrt bescheiden ab: »Ach, i bitt Siea, des macht doch nix, mir hend eh gfeiert!«

Der flotte Kevin spricht auf der Straße eine junge Dame an: »Siea sehad so nett aus, derf i Siea en dem Café dodrüba zo ma süßa Stückle ailada?« »Des ischd lieab von Ihne«, sagt die Schöne zu dem jungen Mann, »aber i hann drhoim scho so an Windbeutl!«

Ein sehr junger Mann kommt in eine Parfümerie und fragt nach einem äußerst wirkungsvollen Parfüm. Ihm werden Düfte wie »Skandal«, »Sündige Nächte« und »Verbotene Früchte« vorgelegt. Da kratzt sich der Junge verlegen am Kopf und fragt: »Hend Se ned ebbas für Ahfänger do?«

Eine junge Dame erscheint bei einem Heiratsvermittler. »I suach an Ma, der ned raucht, ned trenkt und niea andere Fraua nochrennt. Hend Sie so was em Ahgebot?« Der Mann bedauert: »Noe, leider ned, aber em Stadtpark schdoht so oiner!« »Also doch aus Ihrem Ahgebot?« »Noi, aus Marmor!«

Manuel hält um die Hand seiner Angebeteten an. Da gesteht sie ihm unter Tränen: »Des gohd ned, Mani. I ben nämlich a Nymphomanin!« »Des macht doch nix«, tröstet er sie, »i bass scho auf, dass du koi Haus ahzündescht. D Hauptsach ischd doch, dass du mir treu bischd!«

»**Sag mol, hoschd denn du eigentlich ned** gestern heirata wella?«, fragt der August einen Kollegen im Büro. »Doch, doch«, gesteht dieser, »aber zerscht hann i mir beim Aufstanda da Fuaß übertredda, no hann i onsere Traureng ned gfonda ond schlieaßlich ischd mai Audo ned ahgschbronga. No hann i denkt, es soll wohl ned sai!«

Gernot offenbart im Mondschein der süßen Sabrina seine große Liebe. Da gesteht ihm das Mädchen: »Es duad mir loid, aber en maim Herza wohnt scho oiner.« Der junge Mann ist zutiefst enttäuscht. Das Mädchen erkennt dies und setzt flüsternd hinzu: »Aber er ischd ned emmer drhoim!«

Die flotte Biggy kommt schon wieder zum Hausmeister des Appartementhauses und bittet ihn mit unschuldigem Augenaufschlag: »I sodd nomol drei Nochschlüssl für mai Wohnungstür hann!« Doch der erwidert mürrisch: »Glaubad Se ned ao, dass es besser wär, wenn Se sich glei a Drehtür aibaua lassa dädad?«

Es klingelt. Der fesche Frieder macht die Wohnungstür auf. Draußen steht eine seiner Freundinnen und sagt: »I komm grad vom Frauaarzt. Willschd du ons ned railassa?«

Ein Junggeselle erhält den Brief eines Jungvermählten: »Sehr geehrter Herr, vor unserer Heirat haben Sie mit meiner Frau intime Beziehungen gehabt. Ich bitte Sie deshalb, unser Haus künftig zu meiden.« Die Antwort des Junggesellen kam prompt: »Sehr geehrter Herr, hiermit bestätige ich den Empfang Ihres Rundschreibens!«

Herbert erzählt einem Kollegen: »Geschdern ben i mit dene zwoi superhübsche Zwillingsmädla von gegenüber en dr Disco gwesa.« »Ond?«, grinst der Kollege. »Warschd du erfolgreich?« »Jo ond noi!«

Kasimir sieht nach vielen Jahren seinen alten Schulfreund Georg wieder. Hocherfreut ruft er aus: »Mensch, Georg, alte Hütte, wie gohd dirs denn?« Der Freund stammelt verzweifelt: »I ben am Ende! Mai Frau hod mi vrlassa ond ihr ganza Familie gohd mir scho seit viele Johr aus em Weg.« Da lehnt sich Kasimir neugierig vor und fragt höchst interessiert: »Kannschd du mir bitte vrroda, wiea du des gschafft hoschd?«

Eine Dame mittleren Alters schäkert mit einem milchgesichtigen Jüngling herum. Schließlich fragt sie ihn: »Wie alt dädschd denn du mi schätza?« Der Junge kratzt sich verlegen am Kinn: »Ha, i woiß ned, aber ma siehts Ihne auf koin Fall ah!«

»Du, Schätzle, möchdeschd du mit ma einäugiga Ma vrheiradad sai?«, fragt der flotte Alexander höflich seine Freundin. »Om Hemmels willa, noe!«, ruft sie entsetzt aus. »Also, no lass mi bitte da Regaschirm traga!«

Ein junger Mann kommt in eine Drogerie. »Entschuldigung, könnad Sie ao Zahnbürsta repariera?« »Des hod no niemand vrlangt. Kaufad Se doch oifach a neua!«, empfiehlt die Verkäuferin. »Des ka i ned alloi bestimma, des ischd doch d Gemeinschaftszahnbürscht von onserer Wohngemeinschaft!«

Der flotte Armin bedrängt eine junge Dame, ihm doch ihre Telefonnummer zu geben. »Dui schdoht em Telefobuach«, flötet sie zurück. Er gibt nicht auf: »Ja, ond dain Nama?« »Der schdohd direkt drneba!«

Der gut aussehende Heinz-Jürgen spricht auf dem Marktplatz eine rassige Blondine an. »Entschuldigad Se bitte, i ben fremd en dem Ort. Könnad Sie mir bitte saga, wo Sie wohnad?«

Der schüchterne Tobias wird in der Diskothek von einem hübschen jungen Mädchen angesprochen: »I hoiß Nadine ond du?« Worauf Tobias stammelt: »I ned!«

Caroline sagt dem jungen Mann leise ins Ohr: »I mag bloß Männer, wo wissad, was se wellad!« »Ond, was müssad diea denn wella?«, flüstert er zurück. Worauf sie ihn zärtlich ins Ohrläppchen beißt und haucht: »Mi!«

Der miserable Tänzer Daniel bringt seine Tanzpartnerin zu ihrem Tisch zurück und flüstert mit roten Ohren: »Es war ganz arg nett, dass Siea mir den Tanz gschenkt hend!« »Koi Ursach«, wiegelt die junge Dame ab, »es ischd jo an Wohltätigkeitsball!«

Ein Wagen mit Stuttgarter Kennzeichen nimmt in München eine Anhalterin mit. »Ha, des ischd jetzt ao glatt!«, beginnt der Fahrer das Gespräch. »Siea send scho de dritt schwanger Frau, wo i heut mitnemm!« »Aber i ben doch gar ned schwanger!«, wendet das Mädchen verwundert ein. Da lächelt der Mann am Steuer: »Mir send jo ao no ned en Schduagert!«

Der junge Flaschnergeselle ist mit seiner Arbeit fertig. Wohlgefällig mustert er die hübsche Kundin, dann fragt er freundlich: »Wärad Sie mol so nett ond dädad duscha? Bloß, dass i seh, ob ällas wieder en Ordnung ischd!«

Der flotte Udo setzt sich in einem Café an den Tisch einer hübschen jungen Dame und horcht immer wieder an seiner Uhr. »Laufd se nemme?«, will das Mädchen wissen. »Doch, des ischd a ganz bsondera Uhr mit Alphawella ond dui sechd mir grad, dass Siea en mi vrliebt send!« »So ein Quatsch, i kenn Siea doch gar ned!« Der Junge lächelt: »I hann vrgessa zom saga, dass dui Uhr a Stond vorgohd!«

Eine junge Dame kommt in eine Parfümerie und sagt zu der Verkäuferin: »Maim neua Fraind gohd Fußball über ällas. Hend Sie vielleicht a Parfüm, wo noch Fußball riecht?«

Der Jurastudent Patrik kommt zu spät zu einer Vorlesung über Gewalt in der Ehe und setzt sich neben eine gut aussehende junge Studentin. Da flüstert Patrik: »Ja, ja, d Ehe ischd halt a Glücksspiel!«, und fügt hinzu: »Bischd du scho vrheiradad?« Da flüstert sie zurück: »Noe, i ben no en dr Gewinntromml!«

Eine Dame wird von einem jüngeren Herrn verfolgt. Irgendwann wird es ihr zu dumm, sie dreht sich um und ruft ärgerlich: »Worom laufad Siea eigentlich de ganz Zeit hender mir her?« Da nickt der Gefragte und meint: »Jetzt, wo Sie sich omdrehad, frog i mi des ao!«

»Mensch, Günther, jetzt bischd du scho zwoiadreißig Johr alt. Möchdeschd ned amol den Hafa der Ehe ahsteuera?« »Ach woischd, Dande Hermine, einschtweila machad mir diea Hafarundfahrta no zua großa Spaß!«

Beim Kaffeekränzchen klagt die hübsche Susi: »Main Ma schaffts doch emmer wieder, dass er sich bediena lässt.« Interessiert fragt eine der Damen nach: »Ond wiea hod er des jetzt wieder gschafft?« »Er hod gsagt: ›Schatz, du hoschd so schöne ond gepflegte Füaß, sei doch bitte so lieb ond lauf mit dene zom Kühlschrank nüber ond hol mir a Bier, dass i dain eleganta Laufstil bewundera ka!‹«

Beim Kaffeekränzchen erklärt Frau Dettinger stolz: »Main Ma raucht drhoim bloß noch ma guata Essa!« »Des fend i arg vrnünftig«, pflichtet Frau Merk bei, »oi Zigarett em Johr ka jo wohl ned viel Schada ahrichta!«

Beim Kaffeekränzchen wird diskutiert: »Dr Elvira ihr Jonga ischd ao em Stimmwechsl.« »Aber des gibts doch bei Mädla gar ned!«, wendet eine andere ein. »Doch, se hod den Tenor laufa lassa ond gohd jetzt mit ma Bariton!«

Frau Leineweber schimpft beim Kaffeekränzchen: »Auf de Deutsch Post ischd wirklich koin Vrlass meh!« Erstaunt erkundigt sich eine der Damen: »Wiea kommschd denn jetzt ao do drauf?« »Ha, mai Ma ischd zur Kur en Bad Urach ond onser Post nemmt an Stempl von Paris!«

Frau Neumeier erzählt beim Kaffeekränzchen: »Main Ma hod neuerdings a Schlüsslstellung en sainer Firma!« Anerkennend fragt eine der Damen: »Hoi, no ischd er jetzt em Vorstand?« »Noi, Hausmoischder!«

Frau Lieb berichtet beim Kaffeekränzchen stolz: »Hend ihrs scho ghört? Mai Tochter wird em Ausland Gsang studiera.« Die Runde ist angetan und eine Dame fragt: »Ja, ond wer zahlt no des Studium?« Die Mutter nippt an der Tasse: »Diea Mit-Hausbewohner hend für se gsammelt!«

Interessiert fragt eine Dame an der Kaffeetafel: »Sag mol, Elfriede, was ischd denn dr neue Fraind von dainer Tochter eigentlich von Beruf?« Die Gefragte denkt kurz nach: »I glaub Schäfer oder Pastor.« »Wiea kommschd du denn jetzt ao do drauf?« »Ha, er hod scheints zo ihra gsagt: ›Vorerschd lass i di no ohgschora, aber nägschd Woch muaschd dra glauba!‹«

Beim Kaffeekränzchen fragt die Gastgeberin: »Sagad Se mol, Frau Wanner, worom tragad Siea Ihren Ehering denn an dr falscha Hand?« Mürrisch brummt die Angesprochene: »Weil i da falscha Ma gheiradad hann!«

Frau Nobel, die Gattin eines Konzernchefs, sitzt beim Kaffeekränzchen neben der Frau des Oberbürgermeisters, die über ihre Pollenallergie klagt. Frau Nobel nickt verständnisvoll: »I ben jo ao so allergisch. Ond jetzt fliegad jo wieder diea Polla, gell? Aber i hab vier Studenta angaschiert, die gehad vor mir her ond atmet diea ganze Polla weg!«

Beim Kaffeekränzchen wird über eine nicht anwesende Dame gesprochen. Frau Maier fragt: »Woiß jemand, was dera ihr Mann von Beruf ischd?« Frau Renner nickt: »Also, mir hod se gsagt, er sei Numismatiker.« »Was ischd jetzt ao des?« »Oiner, der Münza sammelt.« Worauf Frau Maier pikiert meint: »Emmer diea Fremdwörter! Früher hod mr hald ›Bettler‹ gsagt!«

Die Gattin des Bürgermeisters hat zum Kaffeekränzchen eingeladen. Frau Malberger ist neu in dem erlauchten Kreis. Als die aktuellen Tagesthemen abgehandelt sind, fragt die Bürgermeistersgattin: »Frau Malberger, was haldad Sie denn vom Spiritismus?« »Do kann i leider nix drzu saga«, bedauert diese, »i koch drhoim elektrisch!«

Beim Kaffeekränzchen kommt man auf die Liebe zu sprechen. Eine junge Ehefrau erzählt: »Bei mir wars Liebe auf da zwoida Blick. Bei dr erschda Begegnung mit maim zukünftiga Ma hann i ihn ned leida könna. Aber no hann i zufällig erfahra, dass der oheimlich viel Geld hod. No hann i ihn a zwoids Mol ahguckt ond scho war i vrliebt!«

Zwei evangelische Pfarrer unterhalten sich darüber, wie schwer es sei, die Ehefrauen beim Kaffeekränzchen beim Reden zu unterbrechen. Da lächelt der eine: »I sag hald emmer, dass älle dr Roih noch schwätza sollad ond de Älteschd derf ahfanga!«

Beim Kaffeekränzchen erzählt Frau Zeitler: »Mai Ma ischd jo so an eifriger Hobby-Eisebahner. Der schdohd sogar morgens extra scho am fenfe auf, dass er bei seiner Modelleisebah da Arbeiterfrühzug abfertiga ka!«

Frau Knöderich erzählt wichtigtuerisch beim Kaffeeklatsch: »Mai Mann schreibt jetzt an saine Memoara, mit dem Titel ›Vom Bettler zom Millionär‹!« Die anderen Damen sind sprachlos. »Des hend mir jo gar ned gwisst«, fängt sich die Erste wieder. »Was war denn Ihr Mann von Beruf?« »Briefträger!«

Beim Kaffeeklatsch stellt Frau Manneck die Frage in den Raum: »Was zieht a Frau zerscht aus, wenn se ihren Ma ens Bett krieaga will?« Alle Vorschläge quittiert sie mit einem Kopfschütteln. Schließlich präsentiert sie die Lösung: »Da Stecker vom Fernseher!«

Das Kaffeekränzchen im dem vornehmen Café neigt sich dem Ende entgegen. Frau Kächele will austrinken, stockt und entdeckt auf dem Boden der Tasse einen gewaltigen Haufen Kaffeesatz. Den zeigt sie der Bedienung mit der Frage: »Was sagad Se jetzt do drzua?« »Nix, i ben jo ao koi Wahrsagerin!«

Beim Kaffeekränzchen will Berta von der Melitta wissen: »Wieso hoschd du denn eigentlich a Lock von daim Ma en dem Medallion drenna, der lebt doch no?« »Des scho«, bestätigt Melitta milde lächelnd, »aber er hod koine Hoor meh!«

Bei der Kaffeetafel auf einer Hochzeitsfeier wird Frau Wendrich von ihrer Tischnachbarin gefragt, was sie denn dem Brautpaar geschenkt hätte. »A Kaffeeservice für zwölf Persona!«, antwortet diese und fragt zurück: »Ja, ond was hend Sie denn gschenkt?« Da wendet sich die Tischnachbarin pikiert ab und sagt spitz: »A Teesieb für fuffzig Persona!«

Frau Ritter empfängt ihren Mann an der Haustür mit den Worten: »I war doch heut beim Kaffeekränzle von dr Frau Bürgermeischder aiglada. Stell dir vor, dui hod gsagt, se entressier sich für da Ring der Nibelunga. Des wär doch dui Schau, wenn du mir den kaufa dädeschd, bevor ihn dui an dr Hand hod!«

Beim Kaffeekränzchen sinniert Frau Gemeinderätin Streicher: »Onser Bevölkerung wird ao emmer älter!« »Stemmt!«, bestätigt Frau Dommerle. »Main Jüngschder wird ao scho vier!«

Zwei ehemalige Schulkameradinnen treffen sich zufällig beim Einkaufsbummel. Bei einer Tasse Kaffee werden Neuigkeiten ausgetauscht. »Mai Jonger ischd Bakteriologe!« »Guck, des hoschd du scho früher an dir ghed!«, giftet die eine. »Dir hods niea hochgschdocha gnuag sai könna. Bakteriologe! Worom kaschd du ned oifach bloß Bäcker saga?«

Die in geistiger Bescheidenheit lebende Caroline wird beim Kaffeekränzchen von einer Freundin gefragt:»Sag mol, Caro, kennschd du da Ärmelkanal?« Worauf Caroline kopfschüttelnd bekennt:»Noe, mir hend drhoim no koi Kablfernseha!«

Zwei hochbetagte Damen sitzen beim Kaffeekränzchen und lamentieren:»Dui Jugend heutzutag ischd viel vrdorbener als zo onserer Zeit! Ond des wird emmer no schlemmer!«»Schdemmt!«, bestätigt die andere.»Jetzt sodd ma hald nomol jong sai!«

Die Mutter sitzt beim Kaffeekränzchen. Das kleine Töchterchen rennt herein und ruft aufgeregt:»Mama! Mama!« Die Mutter rügt die Kleine sofort:»Du sollschd doch erschd schwätza, wenn du was gfrogt wirscht!«»En Ordnung, Mama!«, meint das Kind tapfer.»Könndeschd du mi bitte schnell gschwend froga, ob dr Baba Trepp nondergfalla ischd?«

Beim Kaffeekränzchen werden die verschiedenen Charaktere der Ehemänner analysiert. Frau Viesel zu Frau Sommer:»I fend, Ihr Mann ischd scho a bissle aufdringlich!«»Ja, genau so ischds!«, keift seine Ehefrau.»Des hod scho ahgfanga, wo er ohbedengt mit aufs Hochzeitsfoto wella hod!«

Im Altenheim sitzen einige ältere Damen beim Kaffeekränzchen zusammen und schwärmen von ihren früheren Liebhabern. Amalie ruft versonnen aus:»Mir ischd jo scho amol an König zu Füßen glega!« Worauf Berta diese Aussage relativiert:»Aber bloß, weil er dir beim Kartaspiela auf da Boda gfalla ischd!«

Frau Müller fragt Frau Neureich beim Kaffeekränzchen: »Hod Ihr Mann ao so teure Hobbys?« Frau Neureich nickt betrübt: »Oh jo! Er zahlt bereits monatlich vier vrschiedane Alimente!«

Interessiert fragen die Damen des Kaffeekränzchens: »War Ihr Scheidung leicht?« Freudestrahlend berichtet die Gefragte: »Oh jo, i hann saumäßig Glück ghed. Dui Richterin war de erschd Frau von maim Ma!«

Beim Kaffeekränzchen fragt Frau Bürgermeister in die Runde: »Maine Dama, wissad Siea, was Männer onder Romantik vrschdandad?« Frau Stadträtin weiß Bescheid: »Fußball gucka bei Kerzalicht!«

Es unterhalten sich zwei Angestellte. Sagt der eine: »Du, mir hend vor a Woch da Schreibtisch von onseram Kontroller zuagnagelt.« »Ja ond?«, fragt der andere interessiert. »Er hods bis jetzt no ned gmerkt!«

Die Sekretärin berichtet nach der Mittagspause einer Kollegin: »Grad hann i da heißesta Kuss meines Lebens grieagt.« »Hoi, wie ischd des ganga?« »Ha, der Halbdackl hod vrgessa, sai Zigarett vorher aus em Maul zom nemma!«

Voller Stolz erzählt der Schauspieler einem Kollegen von seiner nächsten Rolle: »I spiel an Ehemann, der seit fenfazwanzig Johr vrheiradad ischd.« Der Kollege tröstet ihn: »Mach dir nix draus, vielleicht krieagschd du jo beim nägschda Mol wieder a Sprechrolle.«

Zwei Schauspielerinnen treffen sich. »So, hoschd du heut koin BH ah!« »Stemmt«, bestätigt die andere, »aber an was hoschd denn du des gmerkt?« »Weil du heut so a glatta Gsichtshaut hoschd!«

Zwei Kolleginnen unterhalten sich in der Kaffeepause: »Main Fraind ond i hend grad Probleme mitanander. Mir könnad ons oifach ned über onser Hochzeit oiniga. Woischd, i däd doch so gern kirchlich heirata.« »Ond dain Fraind?« »Am liebschda gar ned!«

Schon seit Monaten treffen sich fünf Arbeitskameraden jeden Tag im Aufenthaltsraum. Eines Abends steht einer der Männer auf und sagt: »Kollega, i hann feschtgschdellt, dass i an richtiger Mustergatte ben. I trenk ned. I rauch ned. I gang jeden Obend om achte ens Bett. I schdand em Morgagraua auf ond gang zom Schaffa. I ben koin Samstag beim Fuaßball ond mainer Frau treu wiea an Hund saim Herrle.« Dann haut er plötzlich mit der Faust auf den Tisch und brüllt: »Aber i schwörs euch, sobald i aus dem blöda Gfängnis entlassa werd, hört des auf!«

Gerhard jammert bei einem Kollegen: »Jetzt hald ihs bald nemme aus mit mainer Frau. Seit ma halba Johr nörgld se bloß no an mir rom!« »Ja, worom denn des?«, fragt dieser zurück. »Ach, se will ohbedengt, dass i endlich da Christbaum wegräum!«

Hans-Dieter erzählt in einer Tagungspause: »Seit i maine Kollega em Gschäft beibrocht hann, dass i vor mainer erschda Tass Kaffee ned ahgschbrocha werda will, trenk i se emmer erschd kurz vor Feierobend!«

Der Monteur kommt von seinem ersten Auslandseinsatz zurück. Sein Kollege fragt ihn: »Ond, hoschd du en Frankreich Schwierigkeita mit daim neua Sprachcomputer ghed?« Der Mann schüttelt den Kopf: »I ned, aber d Franzosa!«

»Sagäd Se mol, Kollege Schlittahardt, dr Chef hod Sie gsucht. Wo warad Se denn?« »Ha, i ben doch de ganz Zeit an maim Schreibtisch gsessa ond hann gschafft.« Erstaunt hebt der Fragende seine Augenbrauen: »Ja guad, des hod natürlich niemand ahna könna!«

Auf dem Flur eines großen Betriebes wird der Buchhalter von seinem Prokuristen angesprochen: »Sie kennad sich doch mit Soll ond Haben aus?« »Natürlich, worom frogad Se?« »Weil Ihr Frau an Freund haben soll!«

Montagmorgen im Büro, zwei Buchhalter sitzen sich gegenüber: »Woischd du, wo main Kuglschreiber ischd?« Müde nickt der andere: »Jo, hender daim Ohr.« Da faucht der Erste: »Mann, jetzt machs doch ned so kompliziert, hender welchem?«

Christopher erzählt im Büro, dass er einen Volkshochschulkurs zum Thema Fremdwörter besucht, weil man ja ansonsten nur die Hälfte von dem verstehen würde, was gesprochen wird. Sein Kollege will nun ein Beispiel wissen. Christopher erklärt stolz: »Also, des Wort Vegetarier stammt zom Beispiel aus em Indianischa ond bedeudad ›schlechter Jäger‹!«

Zwei Kollegen treffen sich in der Großkantine. »I hann ghört, du hoschd gheiradad?« »Jo, mir hod des Essa en dr Kantine nemme gschmeckt!« »Ja, ond worom bischd no heut do?« »Ha, jetzt schmeckts mir wieder!«

Thomas fragt seinen Kollegen im Büro: »Sag mol, führt jetzt dai Frau ao öfters Selbstgespräche?« Der Kollege bestätigt: »Jo, ständig, aber se woiß nix drvo. Se denkt emmer, i hör ihra zua!«

Daniel erzählt am Montag im Büro: »Eigentlich hann i jo am Samstagmittag zom Pokalspiel fahra wella, aber bis ma do an Parkplatz fendad ond sich durch diea Menschamassa quält hod.« »I vrschdands!«, nickt der Kollege. »Mai Frau hod ao wella, dass i drhoim bleib!«

Im Büro erzählt Georg seinem Kollegen: »Mai Frau vrbiedad mir älles. I derf ned raucha, ned trenka ond nemme mit maine Kumpel fort.« Der Kollege bedauert ihn: »No hoschd dus sicher scho bereut, dass du se gheiradad hoschd?« »Noi, bereua derf i ao ned!«

Der Buchhalter erzählt im Büro: »Mai Frau schwärmt jo neuerdings sehr von Rohkost.« Da nickt der Prokurist kummervoll: »Des kenn i, mai Frau kocht ao ned gern!«

Zwei Kollegen unterhalten sich. »Sag mol, worom sechschd denn du, wenn de über dai Frau schwätschd, emmer ›mai Vorhängeschlössle‹?« »Ha woischd, weil se emmer so schnell aigschnappt ischd!«

Der sparsame Wolfgang wird von einem neugierigen Arbeitskollegen gefragt, was er denn seiner Frau zum Geburtstag schenken würde. »An Kleiderbügl aus Teakholz!« Verwirrt schaut ihn der Kollege an. Da ergänzt Wolfgang: »Jo, se hod sich halt ebbas Passends zo ihrem Pelzmantl gwünscht!«

Zwei Kollegen unterhalten sich über ihre Ehefrauen. Kurt: »Wenn mir Händl hend, wird mai Frau emmer glei historisch!« Rolf korrigiert: »Du moinschd sicher hysterisch!« »Noe, historisch«, beharrt Kurt, »weil se no emmer diea alde Gschichta wieder aufwärmt!«

Rainer wacht am Montagmorgen von einem Nickerchen an seinem Schreibtisch auf und fragt seinen Kollegen: »Wiea schpät ischs denn?« Dieser blickt kurz zur Uhr: »Zwanzig noch zehne.« Rainer reibt sich die Augen: »Ach Gott, wiea sich dui Woch wieder zieagt!«

Am Montagmorgen kommt Hans mit zwei riesigen Veilchen um die Augen ins Büro. »Des war mai Frau!«, erklärt er bedrückt. »Hoi, i hann denkt, se will übers Wochaende zo ihre Eltern fahra?«, erwidert sein Kollege erstaunt. Worauf Hans kummervoll nickt: »Des hann i ao denkt!«

Erich gibt seinem jungen und äußerst sparsamen Kollegen einen Tipp: »Also, i hann mit mainer Fraindin ausgmacht, dass mir ons emmer em Kinosaal enna treffad, dann muass se nämlich da Aitritt selber zahla!« »Bischt du denn narrad?«, ruft der Kollege entsetzt aus. »No müsst i jo mai Kinokart selber zahla!«

Harald kommt von der Arbeit nach Hause und gesteht seiner Frau: »Du, i hann main Kollega Stefan heut zom Nachtessa aiglada.« »Bischt du denn vrrückt?«, faucht ihn seine Frau an. »I hann d Hoor ned gwäscha, d Kender hend älle Spielsacha en dr Wohnung vrstreut, d Fenschder sodd i nötig butza, vom Aikaufa schdoht no s ganze Sach rom ond en dr Küche siehts aus wie auf ma Schlachtfeld ond du ladescht dain Kollega Stefan ai!« »Grad deshalb!«, versucht Harald zu erklären. »Er will nämlich heirada ond i möcht ihm fairerweise zeiga, was ihn erwardad!«

Im Konzern gibt es einen größeren Computerausfall. Die beiden dafür zuständigen Mitarbeiter werden zum obersten Chef gerufen und gehörig zusammengestaucht. Auf dem Rückweg sagt Mario zu seinem Kollegen Matthias: »Wiea kommschd du eigentlich drzua, mi vor em obersta Chef an Vollidiota zom hoißa?« Dieser zuckt mit den Schultern: »Entschuldigung, i hann doch ned wissa könna, dass du des geheim halta willschd!«

Im Büro tippt ein Kollege den anderen an und sagt: »He, du kaschd mir übrigens heut zur blecherna Hochzeit gratuliera!« »Herzlicha Glückwunsch!«, ruft dieser begeistert. »Aber sag mol, was ischd denn a blecherna Hochzeit?« »Zehn Johr Essa aus dr Dos!«

Bruno kommt überglücklich zur Arbeit und erzählt seinem Kollegen Daniel: »Denk dr no, geschdern Obend hod mai Frau zom erschda Mol wieder mit mir gschwätzt!« »Ond, was hod se gsagt?«, fragt Daniel interessiert. »I soll endlich mai Gosch halda!«

Ein Bauarbeiter fragt seinen Kollegen: »Du, Viktor, i ben grad arg en dr Bredullje. Könndeschd du mir fenfhondert Euro borga?« Viktor runzelt die Stirn: »Ond was für a Garantie hann i, dass i des Geld wieder zrückkrieag?« »Des Wort von ma ehrlicha Kollega!« »Also guad«, nickt Viktor, »schickschd mir den en dr Pause mol vorbei!«

Eberhard erzählt seinem Kollegen mit gesenktem Kopf: »Stell dir vor, mir send jetzt zo dritt drhoim!« »Hoi«, meint dieser, »ischd dai Schwiegermutter aizoga?« »Noe, aber dr neue Fraind von mainer Frau!«

Sabine hat ihren neuen Freund gefragt, ob er mal ihr Navigationsgerät testen kann. Er tippt ein bisschen rum, geht dann in ihr Schlafzimmer und legt sich in ihr Bett. Da ertönt aus dem Navi-Gerät, das er in der Hand hält, eine Stimme: »Sie haben Ihr Ziel erreicht!« Er ruft freudig nach draußen: »Du Schatz, des funktioniert fai aiwandfrei!«

Moni ruft ihren neuen Freund an: »Du, i schdand am Bahnhof!« Er erwidert etwas vorwurfsvoll: »Ja, hoschd denn du des nötig? Sag doch offa zu mir, wenn du a Geld brauchschd!«

Der flotte Kilian sitzt mit seinem neuesten Schwarm im Café. Sie himmelt ihn an und fragt schließlich: »Bischd du a Einzelkend?« Worauf er süffisant antwortet: »I bevorzug den Ausdruck ›Alleinerbe‹!«

Dagmar sagt zu ihrem neuen Freund: »Main Vatter hod sich so arg gfreut, wo er ghört hod, dass du an Künstler bischd.« Geschmeichelt fragt der Liebhaber zurück: »Ach, ischd er an Freund der schönen Künste?« »Noe, überhaupt ned!«, wehrt Dagmar ab. »Aber main letschder Fraind, wo er hod nausschmeißa wella, war Kreismeischder em Schwergwichts-Boxa!«

Frederik schreibt seiner Freundin eine SMS: »Hey, Süße, was machschd du grad so?« Sie schreibt umgehend zurück: »I lieg em Bett ond denk an di. Ond was machscht du?« Er tippt: »I schdand en dr Disco hender dir!«

Eine frisch verliebte junge Dame weint und jammert unaufhörlich auf einer Parkbank. Schließlich erbarmt sich ihrer eine ältere Dame: »Worom heulad Siea denn?« Das Mädchen schluchzt: »I hann a Vrabredung ghed. Er hod mir zom Abschied a Rose gschenkt ond gsagt, bevor dui vrwelkt ischd, wird er wiederkomma.« »Was für ein romantischer, sympathischer Mann!«, schwärmt die ältere Dame. »Schee wär's! I hann nämlich grad gmerkt, dass dui Ros aus Seide ischd!«

Samuel fragt seine neue Freundin: »Wiea viel Männer hoscht du eigentlich vor mir kennt?« Sie schweigt beharrlich. Nach einiger Zeit stammelt er zerknirscht: »Entschuldige bitte, i woiß, i hann koi Recht, so a domma Frog zom stella!« Wieder keine Antwort, dann fragt er vorsichtig: »Bischd du mir no bös?« »Ach noe, Quatsch!«, erklärt sie nachdenklich. »I zähl bloß grad!«

Nico fragt seine Freundin: »Bischd du nahgfalla?« Sie schüttelt tapfer den Kopf: »Noe, i hann grad da Boda omarmt!« »Mit Träna en de Auga?« Sie nickt melancholisch: »Jo, des war an arg emotionaler Moment!«

Heiko sitzt auf dem Sofa und säuselt: »Du, Schätzle, heddeschd du denn ned Lust auf an kleina Spaziergang?« Sie jubiliert hocherfreut: »Oh, wiea schee! Natürlich, gern sogar!« Da fügt er hinzu: »No brengschd bitte auf em Rückweg ao Bier ond Zigaretta mit!«

Erik bohrt sich andächtig in der Nase und wird dafür von seiner Lebensgefährtin gerügt. Worauf er sehr beschlagen korrigiert: »Echte Männer bohrad ned en dr Nas, noi, se streichlad ihr Gehirn!«

Verschüchtert fragt Verena ihren neuen Freund: »Fendeschd du, dass i zu wenig Busa hann?« »Noe, noe«, beruhigt er sie, »zwoi send völlig en Ordnung!«

Maximilian fragt seinen neuen Schwarm: »Wiea wärs denn mit ma Fährtle en ma riesiga Waga mit Fahrer ond zemlich viel PS onder dr Haub?« Die junge Dame ist natürlich außer sich vor Begeisterung. »Also guat«, nickt Maximilian, »no kauf i gschwend zwoi Karta für da Omnibus!«

Sie schickt ihrem Liebsten eine kurze E-Mail mit den Worten: »Hoschd du Lust auf a Ronde jogga?« Er schreibt lapidar zurück: »Gern, aber du hoscht Essa ganga falsch gschrieba!«

Die Verlobte schmiegt sich an ihren Bräutigam und fragt: »Magschd du mi bloß, weil main Vatter mir a Vrmöga henderlassa hod?« Empört wehrt dieser ab: »Überhaupt ned, Schatz. I däd di emmer möga, egal wer dir des Vrmöga henderlassa hod!«

Heinz-Jürgen weiß nicht mehr, was er seiner gelangweilt schauenden neuen Flamme noch alles erzählen soll. Da fällt ihm etwas ein: »Mai Bruder ischd s genaue Gegadoil von mir!« Interessiert fragt sie zurück: »Au super, den däd i gern kennalerna!«

Der junge Mann fragt die kesse Lilly: »Willschd du mai Frau werda?« Erschrocken erwidert die Schöne: »Fällt dir nix Bessers ai?« »Natürlich scho«, bestätigt der Heiratswillige, »aber diea hend älle ned wella!«

Angelika kommt freudestrahlend vom Arzt und preist ihren Freund: »Also, jetzt muass i di loba, du bischd scho ein super Liebhaber! Stell dir vor, mir kennad ons erscht seit zwoi Monat ond i ben scho em dritta Monat schwanger!«

Ein Liebespaar überlegt, wann sie sich denn verloben sollen. Er schlägt Weihnachten vor. Sie nickt zustimmend. »Ond wann dend mir no heirata?« »Ha, i hann denkt, am oisazwanzigschda Juni!« Sie denkt kurz nach und fragt dann: »Ischd denn des ned der Dag mit dr kürzesta Nacht?« »Jo!« »Du Feigling!«

Zwei langjährige Verlobte sitzen eng umschlungen auf dem Sofa. Das Licht ist gedämpft und leise klingt klassische Musik. Da flüstert er: »Denkschd du s Gleiche wiea i?« Sie haucht: »Jo.« Da richtet er sich auf und sagt: »Also, no gohschd du en d Küche ond machschd s Nachtessa, ond i hol so lang s Bier aus em Keller!«

Der frisch verlobte Emil flüstert ihr zärtlich ins Ohr: »Von jetzt ah werd i di auf Hände traga!« Erschrocken erwidert sie: »Om Hemmels willa! Sag bloß, du hoschd dai Auto vrkauft?«

Anton ist ein feuriger Liebhaber, nur wenn es um das Thema Hochzeit geht, stellt er immer seine Ohren auf Durchzug. Da fasst sie sich endlich ein Herz und flüstert: »Nemm mi doch zo dainer Frau!« Worauf er verwundert zurückfragt: »Ja, was willschd denn du bei dera?«

Ein junges Paar spaziert schweigend Hand in Hand durch den Wald. Plötzlich sagt sie: »Du, Florian, i werd des blöde Gfühl ned los, dass du ebbas von mir willscht!« Erschrocken stammelt dieser: »Beschdimmt ned, Petra, des derfschd du ned denka!« Nach einer kurzen Weile sagt sie: »Duas oifach trotzdem, dass i dieses blöde Gfühl loswerd!«

Der sparsame Herbert fragt seine neue Freundin: »Heddeschd denn du Luscht auf a schöns Nachtessa mit mir?« »Gern«, haucht die Angebetete entzückt. »Also«, sagt Herbert gönnerhaft, »no ben i am achte bei dir!«

Nachdem er dem Paar das Zimmer geöffnet hat, fragt der Hotelpage fürsorglich: »Wünscht der Herr noch etwas?« »Noe, danke.« »Und für die Frau Gemahlin?« »Ach je, guat, dass Ses sagad, des hedd i beinoh vrgessa«, antwortet der Mann, »brengad Se mir bitte no a Ahsichtskart!«

Die junge Braut bei der Verlobungsfeier: »Wenn mir dann vrheiradad send, muaschd du mi küssa, wo mi no koin Mann küsst hod!« Der angehende Bräutigam fragt ganz aufgeregt mit leuchtenden Augen: »Ond wo wär des?« Sie: »Auf Hawaii!«

Ein junger Schwabe ist zum ersten Mal mit einem Mädchen ausgegangen. Als er heimkommt, ist sein Vater noch auf. Griesgrämig fragt er: »So, send ihr recht aufhausig gwesa mit em Geld?« »Zwanzig Euro, Baba«, gesteht der Junior. »Ha, des gohd jo grad no!«, beruhigt sich der Vater. »Jo«, lächelt der Sohn trübe, »mehr hod se hald ned bei sich ghed!«

Auf einer Party nähert sich eine attraktive Dame einem gut gekleideten, etwas verloren dastehenden Herrn und schnurrt: »Siea sehad genauso aus wie main vierter Ehemann.« Überrascht schaut er sie an: »Ach ja? Worom? Wie oft warad Siea denn scho vrheiradad?« Sagt sie mit hinreißendem Lächeln: »Dreimol!«

Patrick haucht verliebt seiner Angebeteten auf der Parkbank ins Ohr: »Sag mir doch endlich diea drei Wörter, wo ons für emmer anananderbendad.« Da haucht sie zurück: »I ben schwanger!«

Ein junger Mann tanzt Wange an Wange mit einem ausnehmend hübschen Mädchen und flüstert ihr heiße Liebesschwüre ins Ohr. Worauf sie gesteht: »En maim Herza wohnt aber scho an anderer!« Da flüstert er weiter: »Macht nix, i wär bei dir ao als Ondermieter zfrieda!«

Gunther brummt ärgerlich seine Freundin an: »I hann des so satt, dass i bei dir emmer bloß de zwoit Geig spiel!« Da lächelt sie ihn milde an und schnurrt: »Guntherle, du kaschd froh sai, dass du überhaupt no en maim Orchester bischd!«

Der Chef von einem Sanitärfachgeschäft bekommt nachts einen Anruf von seinem Hausarzt, weil er Wasser im Keller hat. Der Chef versichert: »I komm glei morga früha bei Ihne vorbei.« Da brüllt der Arzt ins Telefon: »I muass ao nachts komma, wenn bei Ihne ebbas ischd!« Der Installateur kommt, macht seine Tasche auf, wirft zwei Dichtungsringe ins Wasser und sagt: »Wenns morga ned besser ischd, meldad Se sich wieder bei mir!«

Nach einer langwierigen Untersuchung eröffnet der Arzt seinem Patienten: »Sie hend höchstens no drei Monat zu leba.« Der Patient bedankt sich für die Offenheit, damit er sein Leben entsprechend einrichten kann, und geht. Nach einigen Jahren treffen sich Arzt und ehemaliger Patient auf der Straße wieder. Der Patient triumphierend: »Wie Sie sehad, Herr Doktor, i leb emmer no!« Worauf der Arzt missbilligend antwortet: »No send Sie falsch behandelt worda!«

Der Arzt ist begeistert: »Also, es ischd ergreifend, wie aufopferungsvoll ond selbschtlos Sie Ihren Mann pflegad, Frau Biedermaier!« »Aber des ischd doch selbschtvrschdändlich, Herr Dokter!«, erklärt sie bescheiden. »Wer will denn scho a Witwe mit fenf Kender?«

Der Professor macht Visite und fragt den Patienten: »Jetzt, wiea gohds denn dem frisch Operierta?« »Siea, mir ischs, wie wenn mir ebber mit ma Hammer auf da Kopf gschlaga hedd.« Der Mediziner lächelt: »Ja, ons ischd während dr Operation s Narkosegerät kaputt ganga!«

Der Tenor ist kurz vor einem Auftritt von einer schweren Heiserkeit geplagt. Er klingelt spät am Abend noch bei seinem Hausarzt. Die Ehefrau öffnet ihm. Er flüstert: »Ischd dr Dokter do?« Sie flüstert zurück: »Noe, kommad Se rai!«

Der Unfallchirurg erscheint zum Dienst und fragt die Oberschwester nach den neuen Patienten. Sie zählt auf: »Oiner mit Quetschunga ond Prellunga von ma Autoohfall, oiner mit Knochabrüch, der bei Reparatura vom Garagadach gfalla ischd, ond oiner mit schwerere Vrletzunga, der hod da Müll ned naustraga wella!«

Der Arzt nickt bestätigend: »Also, es beschdoht leider koin Zweifl mehr, Sie send vrgiftet worda.« Der Patient erschrickt: »Ja, mit was denn, om Hemmls willa?« Der Mediziner beruhigt ihn: »Koi Sorg, des werdad mir bei dr Obduktion scho feststella!«

Ein Arzt und seine Frau streiten sich beim Frühstück. Er steht plötzlich auf und schreit wutentbrannt: »Ond bloß, dass dus woischt, du bischd a Niete em Bett!« Danach verlässt er das Haus. Mit der Zeit beschleicht ihn das schlechte Gewissen und er ruft daheim an, um sich zu entschuldigen. Das Telefon klingelt eine ganze Weile, bis sie endlich abhebt. »Worom dauert denn des so lang, bis du ans Telefo gohschd?« »I war em Bett!« »Em Bett? Om dui Zeit? Worom?« »I hol mir grad a Zweitmeinung ai!«

Eine Patientin bekommt vom Arzt Zäpfchen mit nach Hause. Sie hat jedoch vergessen zu fragen, wie man die einnimmt. Ihr Mann empfiehlt den Arzt anzurufen. Dort bekommt sie die Auskunft, dass die Zäpfchen rektal eingenommen werden. Sie bedankt sich und fragt ihren Mann, was rektal ist, der weiß es auch nicht und empfiehlt einen erneuten Anruf beim Arzt. Diesmal sagt der Mediziner, dass sie anal verabreicht werden. Sie bedankt sich und legt auf. Jetzt rätseln die zwei, was anal ist. Ihr Mann sagt: »Ruf halt nomol ah.« Sie zögert lange wegen der Blamage, macht es aber dann doch. Jetzt ruft der Doktor energisch aus: »Steckad Se sichs en da Hendera!« Danach legt sie auf und sagt bedrückt zu ihrem Mann: »Uijeh, siehsch, jetzt ischd er narrad!«

Ein großartiges Symphoniekonzert. Alles im Saal lauscht gebannt. Plötzlich steht in der ersten Reihe ein Zuhörer auf und ruft laut: »Ischd an Arzt em Saal?« Aufregung und Gemurmel ringsum! In der letzten Reihe steht jemand auf und meldet sich: »Ja, was ischd los? I ben Arzt!« Da ruft ihm der Mann aus der ersten Reihe begeistert zu: »Herr Kollege, ischd des ned ein wunderbares Konzert?«

Der Arzt meint gönnerhaft: »Also, gänzlich vrbieta will i Ihne da Alkohol doch ned. Oimol am Dag dürfad Se a Glas Wai trenka. Des hann i Ihne eigentlich scho vor zwoi Wocha saga wella.« Der Patient beruhigt den Mediziner: »Macht nix, Herr Dokter, diea vierzehn Dag hol i lässig wieder auf!«

Beim Oberarzt klingelt zu Hause das Telefon. Er nimmt ab. Ein Kollege aus der Klinik ist dran und sagt: »Mir brauchad dringend no an fuffta Mann zom Pokera!« Der Oberarzt reagiert schnell: »I komm sofort!« Als er sich anzieht, kommt seine Frau ins Zimmer und fragt: »Was ischd denn bassiert?« Ihr Mann aufgeregt: »An Notfall! Es send scho vier Ärzt vor Ort!«

Bei einem jungen Landarzt klingelt nachts das Telefon, aber er hat keine Lust, aufzustehen. »Du, Schatz«, flüstert er seiner Frau zu, »nemm bitte ab ond sag, i sei ned drhoim.« Der Anrufer hat aber sehr starke Magenschmerzen. Die Frau des Arztes legt die Hand über die Sprechmuschel und fragt ihren Mann. Der gibt ihr flüsternd Auskunft. Nachdem die Symptome sicher geklärt sind, verordnet der Arzt ein Medikament, welches seine Frau dem Anrufer telefonisch mitteilt. »Vielen, vielen Dank!«, ruft der Patient am Telefon erleichtert aus. »Ond was für ein Glück, dass Siea grad an andera Arzt em Bett ghed hend!«

Frau Müller klagt über Leibschmerzen. Der Arzt meint: »Des ischd dr Blenddarm, der muss raus!« Ein paar Wochen später hat Frau Müller Halsschmerzen. »Des send d Mandla, diea müssad raus!« Nach längerer Zeit kommt die Frau wieder und sagt: »Herr Doktor, i wags eigentlich kaum zom saga, aber i hann Kopfschmerza!«

»Des war aber grad knapp!«, sagt der Chirurg nach der Operation zur Oberschwester. »Was moinad Siea do drmit?«, fragt sie verwundert nach. »Ha, oin Zentimeter weiter ond i wär aus maim Fachgebiet raus gwesa!«

Der Chefarzt rügt seinen neuen Assistenzarzt energisch: »Siea müssad scho a bissle aufbassa beim Ausfülla von dene Totascheine! Jetzt hend Se do scho wieder en dera Spalte ›Todesursache‹ main Nama aitraga!«

Mitternacht in der Kleinstadt. Lautes Klopfen an der Haustür weckt den Landarzt. Schlaftrunken fragt er: »Was gibts?« »Was vrlangad Siea für an Krankabsuach auf ma Baurahof, ohgfähr sieba Kilometer von do aus?« »20 Euro.« »En Ordnung, no kommad Se schnell!« Der Arzt zieht sich an, ergreift seine Tasche, holt das Auto aus der Garage und lässt sich von seinem nächtlichen Besucher zu dem abgelegenen Gehöft lotsen. »Do send 20 Euro.« »Ond wo ischd der Kranke?«, fragt der Arzt verdutzt. »Es gibt koin, aber i hann beim beschda Willa om dui Zeit koi Taxi mehr auftreiba könna!«

Eine junge Dame gesteht dem Frauenarzt: »Herr Dokter, i ben vrzweifelt! Aus irgendoim Grond werd i ned schwanger!« »Ziehad Se sich bitte aus ond legad Se sich dort nüber.« Errötend erklärt die Patientin: »Also Herr Dokter, wenn es gohd, wedd i aber scho des erschde Kend von maim Ma!«

Frau Johansohn bekam ihr elftes Kind. Der Gynäkologe bittet den Ehemann in seine Praxis und eröffnet ihm: »Wenns Ihne s nägschde Mol wieder drnoch ischd, no überlegad Se sich fai vorher guad, ob Sie ao no a zwölfts Kend ernähra könnad!« »Oh, Herr Dokter«, sagt der Mann, »wenns mir ällamol drnoch ischd, no moin i emmer, dass i ganz Bada-Württaberg ernähra kah!«

Der Vater schaut verärgert hinter seiner Zeitung vor: »Was regschd du di eigentlich auf, Eva-Maria? Du hoschd doch selber dai Vrlobung mit dem Arzt glöst.« »Des scho«, faucht die Tochter, »aber jetzt schickt der mir a Rechnung über segsasiebzig Hausbsuach!«

»Du lieabe Zeit, Herr Wendler, bei Ihre Gallastoi derfad Siea aber koin Alkohol mehr trenka!« »Worom denn ned, Herr Dokter?«, fragt der Patient zurück. »Es hoißt doch emmer: ›Steter Tropfen höhlt den Stein‹!«

Die Arzttochter ist mit einem Arztsohn befreundet. Der Vater: »Hoschd du daim Freund gsagt, dass i nix von ihm halt?« »Jo, aber er hod gsagt, dass du en Fachkreisen bekannt seieschd für deine Fehldiagnosa!«

Der Arzt fragt die junge Patientin: »Ond, wie hod denn Ihr Knoblauchdiät gwirkt?« Traurig blickt sie ihn an und sagt: »I hann vier Kilo, mai Arbeitsstell ond main Freund vrlora!«

»Des hend Se guat gmacht!«, lobt der Chefarzt seinen neuen Assistenten. »Bloß geb i noch dr Entbindung emmer dem Neugeborena an Klaps auf da Po ond ned dr Mutter!«

Der Chefarzt klopft dem jungen Chirurgen anerkennend auf die Schulter: »Für Ihr ersta Operatsio gar ned amol so schlecht. Ond jetzt lassad Se da Blenddarm hausa ond dend ällas andere wieder nai!«

Die flotte Gerlinde liegt auf der Entbindungsstation. Da kommt die Krankenschwester herein und berichtet: »Grad war dr Vatter do ond hod sain Sprössling besichtigt.« »Klasse!«, atmet Gerlinde auf. »Hoffentlich hend Se wenigschdens sain Nama ond sai Adress aufgschrieba?«

Eine Frau kommt mit ihrer kleinen Tochter zum Arzt und fragt: »Wieso ka mai Tochter plötzlich ihre Auga nemme zuamacha ond hod emmer so a komischs Lächla von oim Ohr zom andera?« Der versierte Mediziner rät der Mutter: »Machad Se oifach diea Zöpf von dem Kend a bissle lockerer!«

Eine junge Frau kommt zum Schönheitschirurgen und klagt: »Herr Dokter, i hann solche Komplexe wega mainer üppiga Oberweite!« Da nickt der Mediziner verständnisvoll und sagt: »Dann werdad mir dui Sach glei amol en d Hand nemma!«

Ein Krankenhausarzt kommt zu einem Kollegen ins Arztzimmer und sagt zu ihm: »Du hoschd dain Hosalada offa!« Der Kollege nickt und meint: »I woiß, woischd, i hann Bereitschaft!«

Der Zahnarzt flüstert im Behandlungszimmer seinem Patienten ins Ohr: »Send Se bitte so lieab ond dend mir an Gfalla.« »Gern«, flüstert der Patient zurück, »was soll i denn doa?« »Schreiad Se, so laut Se kennad! Mai Wartezemmer ischd gschdopfd voll mit Leut ond i wedd doch so gern am fenfe des Länderspiel ahgucka!«

Zwei Wohnungsnachbarinnen unterhalten sich. Die eine meint: »Ihr Ma kommt morgens wohl zemlich schwer en d Gäng.« Die andere nickt betrübt: »Sie hend recht, aber wiea kommad Se jetzt do drauf?« »Ha, heut Morga hod ned amol dr Bewegungsmelder fürs Licht em Treppahaus reagiert, wo er ens Gschäft ganga ischd!«

»**Gestern hod Nochbers Udo** Ihr Tochter em donkla Hausflur vrküsst!«, erzählt die Mit-Hausbewohnerin der Frau Klingler. Überrascht fragt diese: »Echt wohr? Hoffentlich hod der ernste Absichta.« »Bestimmt. Ihr Tochter küsst koiner bloß zom Vrgnüga!«

Frau Walter zu ihrer Nachbarin: »I ben jo so froh. Mai Sohn kommt morga hoim.« »So? Hod denn der ned zehn Johr Gfängnis grieagt?« »Doch, scho, aber er wird wega guter Führung vorzeitig entlassa.« Die Nachbarin ist begeistert: »Sehad Se, i hann jo scho emmer gsagt, dass der Bua Ihne no viel Freud macha wird!«

Die Nachbarin fragt besorgt: »Wiea gohds denn ao Ihrem Ma, Frau Hinz?« »Gar ned so guat. Er ischd völlig nüchtern von dr Jagd hoimkomma. No hod ihn onser Hond ned glei kennt ond hod ihn bissa!«

Zwei Nachbarinnen unterhalten sich am Zaun über eine Dame, die drei Häuser weiter eingezogen ist. »Wie alt ischd denn dui eigentlich?«, fragt eine. Die andere zuckt die Schultern: »Koi Ahnung, aber was se so vrzehlt, muass se einige Johr jünger sai wiea ihr Tochter!«

Frau Müller klingelt bei ihrer Nachbarin und schimpft: »Sie hend sich vor drei Wocha onsern neua Rasamäher ausglieha. Ond main Ma, der Ihne den rüberbrocht hod, ischd ao no ned wieder zrück!«

Herr Hummel fährt den Wagen aus der Garage. Sein Nachbar schlendert zu ihm und fragt, wohin es denn ginge. »I fahr mit mainer Frau ens Planetarium.« »Worom denn des?«, will der Nachbar wissen. »Ha, dass se endlich amol begreift, dass sui ned dr Mittlpunkt vom Universum ischd!«

Gunther ruft seinen Nachbarn an, mit dem er seit Jahren immer wieder im Streit ist. »I möcht Ihne bloß melda, dass main Dackl heut Morga vrschtorba ischd!« »Jo ond? Was hann i do drmit zom doa?«, fragt dieser gereizt. »Ha, i hann hald denkt, de engschde Vrwandte sodd ma scho vrschdändiga!«

Die Nachbarin berichtet aufgeregt: »Denkad Se no, d Frau Müller schwätzt nix meh mit ihrem Ma!« »Ja, wieso denn ned?« »Se hod ihn scheints om hondert Euro für da Schönheitssalon bittet!« »Jo, ond?« »Er hod ihra tausend Euro geba!«

Der Nachbar erkundigt sich teilnahmsvoll: »Sie, Herr Kazmaier, warad Siea denn jetzt gestern em Krankahaus wega Ihre Kopfschmerza?« »Jo!«, nickt dieser enttäuscht. »Se hend main Kopf gröntgt, aber nix gfonda.« Süffisant erwidert der Nachbar: »Ja, was hend Siea denn anders erwardad?«

Der Staatsanwalt fragt den Beschuldigten: »Worom hend Sie denn Ihren Nochber auf offener Stroß vrschlaga?« »Weil mirs maine finanzielle Vrhältnis leider ned erlaubad, dodrfür ao no a Sporthalle zom mieta!«

Frau Schreckenmaier berichtet ihrer Nachbarin: »I hann mir von Mexiko an Chinchilla mitbrocht.« Doch diese beruhigt sie: »Machad Se sich do koine Gedanka, so was krieagt ma heutzudag leicht mit Penicillin wieder weg!«

Frau Friedmann trifft ihre Nachbarin auf dem Markt und fragt empört: »Sagad Se, was haldad Sie denn ao von onsere neue Nochber?« »Ha, i ka bis jetzt bloß Guts saga über se«, entgegnet Frau Lieblich. »So«, zischt die Friedmännin spitz, »schad, dann müssad mir s Thema wechsla!«

Nachbarinnen unter sich: »Könndad Siea mir mol gschwend Ihren Teppichklopfer leiha?« Die andere Nachbarin bedauert: »Des gohd leider ned, der kommt erscht am viere vom Gschäft hoim!«

Teilnahmsvoll erkundigt sich die Nachbarin: »Frau Deufner, an was ischd denn Ihr Mann jetzt gschdorba?« »An ra hondsgwöhnlicha Grippe!« »Ach was?«, sagt die Nachbarin nachdenklich. »Aber wenigschdens wars nix Ernschts!«

In einem kleinen Dorf auf der Schwäbischen Alb ist eine Familie neu eingezogen. Am nächsten Tag hängt die Hausfrau Wäsche auf die Leine. Die Nachbarin kommt hinzu und mustert ausgiebig die Wäsche. Da wird es der Frau zu bunt: »Hend Se no niea gseha, wiea ebber Wesch aufhengt?« »Doch, scho«, sagt die Nachbarin giftig, »aber bei ons wird dui Wesch vorher gwäscha!«

»Ha, des ischd doch dr Gipfl der Ohverschämtheit!«, schreit Herr Lurcher außer sich vor Zorn. »I vrzehl Ihne voll Stolz, dass mai Gattin schwanger ischd, ond Sie frogad mi, von wem!« »Om Hemmels willa, beruhigad Se sich noh!«, wiegelt sein Nachbar ab. »I hann hald denkt, Siea wüssdad des!«

Die Nachbarin beschwert sich bei Herrn Schmied: »Ihr Jonger hod fai an Stoi noch mir gschmissa!« »Ond, hod er troffa?«, fragt der Vater zurück. »Noe, zom Glück ned!« »No wars ao ned mai Jonger!«

Herr Wimmer sitzt im Biergarten. Da kommt seine Nachbarin vorbei und meckert über den Zaun: »Also, des fend i jetzt ned schee von Ihne, Ihr Frau liegt mit ra schwera Grippe em Bett ond Siea hockad em Biergarta ond saufad sich d Hucke voll!« Da verteidigt sich Herr Wimmer: »Ja, aber i trenk doch dauernd auf d Gsondheit von mainer Frau!«

Zwei Nachbarinnen haben Streit miteinander. Der Zufall will es, dass sie beide gleichzeitig mit ihrem Wagen losfahren. Die eine bleibt stehen, kurbelt das Fenster herunter und schreit heraus: »I weich doch koiner Bloder aus!« Da fährt die andere schnell zur Seite und ruft zurück: »Aber i!«

Die Nachbarin beugt sich über den Kinderwagen und ruft begeistert aus: »Der kleine Goldschatz ischd jo Ihrem Mann wiea aus em Gsicht gschnitta!« Worauf die Mutter erwidert: »Des macht nix. Mir mögad des Kend trotzdem!«

Die Nachbarin kommt atemlos zur Frau Scheu gelaufen. »Hend Sies scho ghört? Dr Herr Hummel, der Alkoholiker von dr Siemensstroß, ischd von ma Hond bissa worda!« »Noe, ja, was hods ihm doa?« »Em Hummel nix, bloß dr Hond hod jetzt a Alkoholvrgiftung!«

Zwei Nachbarinnen geraten fürchterlich in Streit. Gegen Ende des Disputs ruft eine davon: »Ach, bildad Se sich doch ned so viel ai! Was Sie send, ben i scho lang! Sie domma Kuha!«

»Hoi, Frau Häußler, hend Se denn an neua Pelzmandl krieagt?«, fragt die Nachbarin über den Zaun. »Jo, Frau Nochber, main anderer war scho über zehn Johr alt, jetzt hann i ihn hald en ma Restaura gega an neua aidauscht!«

Es klingelt an der Haustür. Frau Neumayer öffnet. Ein Vertreter begrüßt sie mit den Worten: »Frau Neumayer, derf i Ihne onsern neueschda Vrkaufsschlager vorführa, von dem Ihr Nochberin moint, dass Sie ihn sich gar ned leista könnad?« »Ha, dera zeig ihs. I nemm glei zwoi drvo!«

Herr Müllerschön erzählt der Nachbarin, dass seine Frau sich jetzt entschlossen habe, Sport zu machen, um abzunehmen. Sie habe nun begonnen zu reiten. Gespannt fragt die Nachbarin: »Ond, hod se scho a bissle abgnomma?« Da schüttelt Herr Müllerschön bedauernd den Kopf: »Sui ned, aber ihr Gaul!«

»Na, hend Sie ond Ihr Mann sich en dr Oper gut onderhalta gestern?«, fragt die Nachbarin neugierig. »Am Ahfang scho«, räumt die Gefragte ein, »aber no hend sich diea Leut om ons rom zemlich beschwert!«

»Ach, ischd der entzückend!«, sprudelt die Nachbarin nach einem Blick in den Kinderwagen heraus. »Ganz dr Baba!« »Schdemmt!«, bestätigt die Mutter des Sprösslings. »Vor allem, wenn ma ihm sai Fläschle wegnemmt!«

Die Nachbarin besucht die frisch gebackene Mutter auf der Geburtsstation im Krankenhaus und fragt: »Ja, wo ischd denn ao Ihr Mann?« Die Frau seufzt: »Mir hend Drilling griegt. Ond mai Ma ischd doch dermaßa eifersüchtig. Jetzt sucht er halt emmer no die boide andere Männer!«

Das Ehepaar Müller trifft in der Stadt einen ehemaligen Nachbarn. Spontan erzählen sie: »Geschdern Obend send mir ao bei Ihne an Ihrem neua Haus vorbeiganga.« »Danke!«, erwidert der frühere Nachbar bloß. »Des war arg nett von Ihne!«

PÄDAGOGEN

Die Tochter eines Universitätsprofessors muss, um vorzeitig in die Vorschule aufgenommen zu werden, einen Eignungstest machen. Die Erzieherin fordert sie auf: »Kannschd du mir a baar Wörter oder Sätze saga, die dir grad so aifallad?« Die Kleine wendet sich an ihre Mutter: »Was moinschd du, Mama, möcht dui Frau jetzt a baar logisch konstruierte Sätz höra oder lediglich schlicht zemmagschdellte, irrelevante Randbemerkunga?«

Im Unterricht über Rechtskunde fragt der Lehrer: »Mir kommad jetzt zum obersten baden-württembergischen Landesgericht. Wer kann mir do drüber etwas saga?« Der kleine Fabian meldet sich heftig und wird auch zur Antwort aufgerufen: »Herr Lehrer, des send Lensa mit Spätzla, Bauchlappa ond Soitawürschtla!«

Der stets allwissende Deutschlehrer blickt streng über den Rand seiner Brille: »Wie lautet die Zukunftsform von ›ich heirate‹?« Laura ruft eifrig: »I lass mi scheida!«

Drei Lehrer – ein Realschullehrer, ein Gymnasiallehrer und ein Sonderschullehrer – gießen sich ordentlich einen hinter die Binde. Das Bier geht aus. Es wird geknobelt, wer Bier kaufen muss. Der Realschullehrer verliert. Er fährt zur nächsten Tankstelle, kauft einen Kasten Bier. Als er aus der Einfahrt biegt, steht dort die Polizei und er muss blasen. Führerschein weg, Auto weg, Bier weg. Er kommt zu Fuß zu seinen Kollegen zurück und erzählt, was passiert ist. Der Gymnasiallehrer erhebt sich und lallt: »Dann muass mr des mit Intellekt lösa, no machs i!« Er braucht genauso lange wie sein Vorgänger und berichtet: »I hann scho s Bier em Auto ghed, schdohd do Pozelei. I hann müssa blosa. Führerschai weg, Auto weg ond onser Bier ischd ao weg.« Dann steht der Sonderschullehrer schwankend auf und lallt: »No muass hald i macha!« Zehn Minuten später ist er zurück, holt drei Bierkästen aus seinem Auto und meint: »Do send eure Käschda ao!« Der Gymnasiallehrer fragt völlig perplex: »Ja, bischd denn du ned en dui Pozeleikontrolle an dr Tankschdell naikomma?« »Ha natürlich, selbschdvrschdändlich! Aber i kenn doch maine Buaba älle no mit Vornama!«

Der Direktor hat die gesamte Lehrerschaft zu einer Sitzung einberufen und beginnt zu dozieren: »Es wird emmer mehr zom Problem, dass sich diea Schüler oifach nemme konzentriera könnad. Jetzt frog i Siea, hod jemand an Vorschlag, was mir do drgega ondernemma könnad?« Da schaut ihn ein Lehrer verwundert an: »Gega was?«

Der Lehrer fragt in die Runde: »Was schdellad ihr euch onder einer Ponton-Brücke vor?« Julia meldet sich und ruft: »Wasser, Herr Lehrer!«

Der Professor schaut nach der mündlichen Prüfung den Studenten nachdenklich an und sagt schließlich: »Zeichnad Sie an waagrechta Strich an d Tafel, vrlängrad den über d Wand zur Tür und machad dui leise von außa zua!«

Zwei Lehrer unterhalten sich. »Wenn du vor fuffzehn Johr an Schüler gfrogt hoschd, was mer ned seha oder fühla ka, aber trotzdem zom Leba braucht, hod er gsagt: ›Luft‹! Ond heut sagad se auf de gleich Frog: ›WLAN‹!«

Eine bildhübsche junge Lehrerin muss ihre erste Schulstunde abhalten. In dem Moment, wo sie mit dem Unterricht beginnen will, kommt der Schulrat herein und setzt sich in die hinterste Reihe. Sie wird dadurch noch nervöser. Dann schreibt sie einen Satz in englischer Sprache an die Tafel und fragt die Schüler: »Wer kann mir sagen, was dieser Satz übersetzt auf Deutsch heißt?« Der kleine Hendrik in der hinteren Reihe meldet sich wie ein Wilder. Er ist der Einzige. Die Lehrerin ist froh, dass sich überhaupt einer meldet, und fragt nach der Antwort. Hendrik stammelt: »Was für ein Knackarsch!« Die Lehrerin wird blutrot im Gesicht, und das vor dem Schulrat. Sie sagt zu dem Jungen bemüht gelassen: »Setz dich, die Antwort ist falsch!« Da wendet sich Hendrik an den Schulrat und schimpft: »Wenn du koi Englisch kaschd, brauchschd mir ao ned aisaga!«

»Ischd denn dai Schwester tatsächlich noch Australiea ausgwandert?«, erkundigt sich der Lehrer beim kleinen Siegfried. »Des hod se eigentlich vorghed, aber no ischd se en Amerika glandad.« »Ja, ja, Erdkunde war niea ihr Stärke!«

Ein Lehrer klagt bei einem Kollegen: »I kas oifach ned leida, wenn d Schüler während maim Onderricht ständig auf d Uhr guckad.« »Ha, des ischd no gar nix!«, ereifert sich der andere, »i ärgere mi furchtbar, wenn se bei mir d Armbanduhr schüttlad ond ans Ohr hebad, om zom prüfa, ob se no gohd!«

Eva hat bei der Volkshochschule einen Physik-Kurs für Erwachsene belegt. Der Lehrer fragt: »Was passiert, wenn ma an Körper en a bis an da Rand mit Wasser gfüllta Badwann daucht?« Eva meldet sich und sagt: »No schellads beschdimmt an dr Haustür!«

Die Yogalehrerin trifft eine ehemalige Schülerin und fragt sie: »Ond, Frau Eichert, machad Se no feschd Ihre Yogaübunga?« »Noe, i hanns aufgeba.« »Ja, worom denn des?« »Ach, wissad Se, wenn ma auf em Kopf schdohd, sieht ma emmer so viele Stella, wo ma beim Butza vrgessa hod!«

Der Lehrer fragt seine Schüler: »Kann mir ebber saga, was das Morgengrauen ischd?« Da meldet sich Daniela zu Wort: »Herr Lehrer, des ischd des Graua, wo ma empfindad, wenn ma morgens en d Schual muass!«

Der Lehrer fragt den Sohn eines bekannten Graphologen: »Na, Benjamin, was hod jetzt dai Vatter zo maine Randbemerkunga über dain miserabla Aufsatz gsagt?« »Er hod se mit großem Interesse glesa ond gsagt, Siea seiad jähzornig, lassad sich leicht zo Tätlichkeita hinreißa, send ned ganz aufrichtig ond zemlich schwierig zom behandla!«

Der Schulrat erläutert der Klasse, dass er pragmatische und unkonventionelle Antworten liebe. Dann fragt er den Klassenprimus: »Was ist der Unterschied zwischen einem Cello und einer Geige?« Spontan kommt die Antwort: »A Cello brennt länger!«

Die Deutschlehrerin will von ihren Schülern wissen: »Wieso ist es wichtig, dass wir lesen können?« Nicole meldet sich eifrig: »Dass mir ons beschäftiga könnad, wenn amol dr Fernseher hee ischd!«

Der Lehrer steht an der Tafel und erklärt mit leiser Stimme eine Lösungsvariante der Rechenaufgabe. Da ruft ein Schüler: »Lauter!« Der Lehrer antwortet: »Oh, Entschuldigung! I hann ned denkt, dass mir jemand zuhört!«

Der Professor fragt in der Vorlesung seine Studenten nach einem bestimmten chemischen Begriff. Minutenlange Stille breitet sich aus. Plötzlich ertönt aus der hinteren Reihe eine Stimme: »I kauf a ›E‹!«

Der als geizig geltende Chemielehrer fragt bei einem Experiment die Schüler: »Wenn i jetzt a Geldstück von mir do naischmeißa däd, was moinad ihr, däd sich dui Münze auflösa?« Alles schreit einstimmig: »Noe!« »Prima!«, freut sich der Lehrer, »ond worom ned?« »Weil Sie se no ned naischmeißa dädad!«

Der Lehrer fragt die Klasse: »Was versteht man unter Notwehr?« Der kleine Valentin meldet sich: »Wenn i mai Zeugnis selber onderschreib, Herr Lehrer!«

Die Lehrerin fragt die Erstklässler, ob sie schon wissen, wo denn die kleinen Kinder herkommen. Nela meint: »Vom Klapperstorch!« Julian vermutet: »Vom Christkendle!« Da sagt der kleine Jakob bescheiden: »Mir send oifache Leut, bei ons muass emmer ällas dr Baba macha!«

»Peter!«, donnert der Lehrer. »I hann dir gestern gsagt, du sollschd mir auf heut die Lösung saga, wenn an Mann en ra Stond fünf Kilometer gohd, wiea lang braucht er dann für zwoiaachtzig Kilometer?« Da schluchzt der Kleine: »Was soll i denn macha, main Baba ischd doch no ned wieder zrück!«

Der Dorflehrer zeigt auf einen Schüler seiner Klasse und sagt: »Paul, bilde an Satz mit Pferd ond Waga!« Der kleine Paul steht auf: »Des Pferd zieht da Waga.« Der Lehrer ist zufrieden: »Gut, Paul! Ond jetzt den Satz en Befehlsform!« Paul: »Hüh!«

Der Professor der Chemie sagt bei seinem Experiment zu den anwesenden Studenten: »Wenn i ned arg vorsichtig ben, no fliegad mir älle en d Luft. Ond bitte, tredad Se doch a bissle näher her, damit Sie mir besser folga könnad!«

Der Professor fragt seine neuen Studenten: »I sprech heut im Rahma der Ethik-Vorlesunga zum Thema ›Lügen‹. Derf i vorab scho amol froga, wer mai Buach do drüber bereits glesa hod?« Alle melden sich. »Au, des send jo guade Voraussetzunga für des Thema!«, nickt der Redner zufrieden, »mai Buach erscheint nämlich erscht em kommenda Herbscht!«

Der Lehrer fragt in die Runde: »Woiß jemand, was a Heldatat ischd?« Der Schüler Dominik meldet sich: »Wenn ma jemand anderem s Leba rettet zom Beispiel!« Der Lehrer nickt zufrieden: »Hoschd denn du des scho mol gmacht?« »Jo!«, bestätigt Dominik, »i hann maim Neffa s Leba grettet!« »Respekt!«, freut sich der Lehrer. »Ond wiea hoschd du des gmacht?« »I hann d Antibaby-Pilla von mainer Schwester vrschdeckt!«

Die hübsche Studentin zum Professor: »Glaubad Se mir, i däd wirklich älles, om des Exama zom beschdanda!« Der Prof hakt nach: »Wirklich älles?« Sie beugt sich zu ihm und haucht: »Jo, älles!« Darauf der Dozent mit süffisantem Lächeln: »Dädad Siea onder Omständ ao lerna?«

Frederik liegt krank in seiner Studentenbude. Ein Mädchen will ihn besuchen. Eine ältere Dame öffnet die Tür: »Bitte koin Bsuch, der Bua hod a schwera Grippe.« »Des macht nix, i ben nämlich sai Schwester«, meint die Besucherin keck. Die Dame antwortet schmunzelnd: »Des ischd aber nett, dass i Sie kennalern, i ben sai Mutter!«

Ein Student ist gerade in der mündlichen Prüfung durchgefallen und verlässt mit gesenktem Haupt das Gebäude, als von oben sein Professor aus dem Fenster ruft: »Wardad Se mol, Sie hend doch bestanda! Der noch Ihne ischd no viel schlechter!«

Ein älterer Mann wartet auf dem Operationstisch. Er hat verlangt, dass ihn sein Schwiegersohn, als bester Chirurg im Hause, operieren solle. Vor der Narkose wünscht er aber noch einmal mit ihm zu sprechen: »Sei ned nervös. Dur oifach bloß dai Beschdes. Du woischd aber, wenns schieafgohd ond mir ebbas bassiert, dass ab do dai Schwiegermutter bei dir wohnt!«

Ein Arzt wird um Mitternacht zu einem Patienten gerufen. Er untersucht ihn und schreit dann plötzlich ganz hektisch: »Om Hemmls willa, benochrichtigad Se sofort de nägschde Ahgehörige ond an Notar wegam Testament!« Die Ehefrau wird ganz blass und fragt besorgt: »Ischs so schlemm?« Der Mediziner schüttelt den Kopf und sagt: »Noe, aber i möcht ned dr Oinzige sai, der mitta en dr Nacht wega nix ond wieder nix aus em Bett gholt wird!«

Ein Mann sitzt spät am Abend als letzter Patient im Wartezimmer. Als er dann aufgerufen wird, sagt er zu dem Arzt: »Herr Dokter, i glaub, i ben a Motte!« Der Arzt schüttelt den Kopf und sagt: »Guter Ma, i ben Hals-Nasa-Ohraarzt. Mit Ihrem Ahliega müssad Sie zu ma Psychiater.« Da nickt der Patient zerknirscht: »I woiß wohl, Herr Dokter, aber bei Ihne hod hald no Licht brennt!«

Ein Psychiater zeigt dem ärztlichen Klinikdirektor zwei Patienten: »Guckad Se mol den ah, Herr Direktor, der hod durchdreht, weil er sai Angebeteta ned krieagt hod!« »Schrecklich, der Arme!«, bedauert dieser, »ja, ond was hod der drneba?« »Der hod dui krieagt!«

»Herr Maiermann, auf was führad Sie denn Ihre Kontaktschwierigkeita mit andere Menscha zrück?«, fragt der Psychiater. Worauf ihn der Patient anfährt: »Des will i jo grad von dir wissa, du domma Nuss!«

Der überängstliche Patient informiert sich beim Chefarzt über die bevorstehende Operation: »Krieg i denn a Vollnarkose mit Äther?« Der Arzt ruft entsetzt aus: »Om dr Hemmels willa, wenn mir mit Äther schaffa dädad, dürfdad mir während dr Operation jo gar ned raucha!«

Der Arzt zum Patienten: »Es tut mir leid, aber i ka bei Ihne nix fenda. Des muss wohl am Alkohol liega!« Der Patient nachsichtig: »No komm i hald wieder, wenn Sie nüchtern send!«

Ein Patient geht ruhelos den Gang vor dem Stationszimmer auf und ab. Das macht die Schwester nervös. Schließlich nimmt sie den Patienten beim Arm und meint genervt: »So, ond jetzt gangad mir aber schee en onser Bett.« Der Patient erstaunt: »Aber Schwester, wenn des dr Chefarzt merkt!«

Zwei ältere Damen unterhalten sich. Meint die eine: »Früher, wo i no a jongs Mädle war, hann i mi beim Dokter emmer ganz auszieha müssa. Ond heut muass i bloß no mai Zong zeiga. Es ischd scho an Wahnsinn, wiea d Medizin Fortschritte gmacht hod!«

Zwei ältere Damen sitzen im Wartezimmer. »Was fehlt Ihne denn?« »Nix, i gang halt oimol em Quartal zom Dokter, der will jo schließlich ao leba. Der schreibt mir no a Rezept auf. Diea Medikament hol i mir ahschließend en dr Apothek, diea wellad jo schließlich ao leba. Ond drhoim schmeiß i ällas en da Müll, weil i jo schließlich ao leba will!«

Die Oberschwester führt die neue Lernschwester durch die Flure der Klinik. Plötzlich bleibt sie stehen. »Ond en dem Zemmer müssad Se sehr vorsichtig sai!« »Worom? Hend diea ebbas Ahsteckends?« »Noe, aber diea Männer do drenn send so guad wiea gsond!«

Der Vater bringt seinen kleinen Sohn zum Arzt. Nachdem der Sohn eine Spritze bekommen hat, bringt ihn die Schwester zum Papa zurück. »Na, hoschd du di ao benomma wiea an richtiger Mann?«, will der Vater von ihm wissen. »Noe«, antwortet die Schwester, »er hod überhaupt ned gjammert!«

Das Ehepaar Fläumle hofft vergebens auf Nachwuchs. Alle Heilpraktiker und Ärzte raten Frau Fläumle übereinstimmend zu einem mehrwöchigen Kuraufenthalt. Dies geschieht, doch der erhoffte Kindersegen bleibt aus. Da erscheint Herr Fläumle wütend bei seinem Hausarzt und brüllt: »Mir warad en dr Kur, aber nix ischs mit Kender!« Der Arzt schaut ihn kopfschüttelnd an: »Ja, wenn Siea ao mitfahrad!«

Der Arzt schnaubt wütend die dicke, etwas betreten dreinschauende Patientin an: »Wo i zo Ihne gsagt hann, Siea sollad Ihre Essgelüschde an Riegel vorschieba, hann i do drmit natürlich koine Schokladriegel gmoint!«

Der Landarzt rät seinem Patienten: »Guschtav, wenn du so weitersaufschd, wirschd ned alt!« Da triumphiert dieser: »I sags jo emmer, Alkohol hält jong!«

Der Arzt zum Patienten: »Mit Ihrem Leida heddad Se scho viel früher zu mir komma solla! Aber jetzt ischd es chronisch worda.« Darauf erwidert der Patient trotzig: »I war jo scho mol bei Ihne, aber bei mainer Musterung hend Se mi an Simulanta ghoißa!«

Der Arzt ist außer sich: »Sie hend Ihr Rechnung mit ma Scheck zahlt ond der ischd prompt zrückkomma!« Worauf der Patient erstaunt ausruft: »Was für ein Zuafall, maine Beschwerda ao!«

Mit süffisantem Lächeln meint der Arzt zu seinem mürrisch dreinschauenden Patienten: »So, ond jetzt wellad mir no Ihre Reflexe überprüfa: Do ischd Ihr Rechnung!«

Der Arzt befragt seinen Patienten: »Trenkad Se?« »Noe!« »Rauchad Se?« »Noe!« Da meint der Mediziner ärgerlich: »Grinsad Se ned so blöd! I fend scho no was!«

Eine ältere Dame betritt die Arztpraxis und setzt sich in das Wartezimmer. Die Putzfrau erklärt ihr: »Heut Mittag ischd koi Sprechschdond!« Die Dame nickt freundlich, bleibt aber sitzen. Die Putzfrau erhöht ihre Lautstärke, doch die schwerhörige Dame bleibt trotzdem freundlich lächelnd sitzen. Da schreibt die Putzfrau auf einen Zettel: ›Heute keine Sprechstunde!‹, und hält ihn der Dame vor die Augen. Diese nickt verlegen: »Ach bitte, Schwester, lesad Ses mir ao vor, i hann mai Brill vrgessa!«

Ein Arzt will den zahlungsunwilligen Patienten dezent auf seine Schulden hinweisen. Er legt ihm ein Foto mit seinen fünf Kindern vor und sagt: »Des ischd dr Grond, worom i so dringend mai Geld brauch!« Da zieht der Patient das Foto einer Blondine im Bikini aus seiner Brieftasche und jammert: »Ond des ischd dr Grond, worom i ned zahla ka!«

Der Arzt sieht den Patienten besorgt an. »Herr Maurer, Ihr Puls gohd aber arg langsam.« »Des macht nix, Herr Dokter«, beruhigt ihn der Rentner, »i hann jo Zeit!«

Der Arzt untersucht eine junge Patientin. »Heidawetter, Fräulein Schmelzer, Sie send jo so toll am Blinddarm operiert worda. A groß Lob an main Kollega, des ischd wirklich a exakta Noht!« Da nickt sie stolz: »Gell! Sie glaubad gar ned, wie viel Männer des scho zu mir gsagt hend!«

Um drei Uhr morgens klingelt beim Unfallarzt das Telefon. Eine empörte Frauenstimme sagt: »Main Ma hod mi furchtbar beleidigt!« »Ja, ond deswega weckad Siea mi?«, will der Arzt fassungslos wissen. »Jo, Siea werdad ihn wohl a bissle näha müssa!«

Die Sprechstundenhilfe kommt in das völlig überfüllte Wartezimmer und schaut sich suchend um: »Wo ischd denn der Herr, der an Verband wella hod?« Eine Patientin schaut von ihrer Lektüre auf: »Der ischd wieder ganga, weil sai Wunde inzwischa vrhoilt war!«

Der Arzt fragt die Patientin: »Nehmen Sie ab oder zu?« Die korpulente Dame zögert etwas und sagt dann: »Also ab ond zua nemm i ab ond ab ond zua nemm i zua, aber grad nemm i mehr zua als ab!«

Das Ehepaar Leuterhammer macht noch einen Abendspaziergang. Da sehen sie plötzlich einen Mann mit dem Gesicht nach unten auf dem Gehsteig liegen. Herr Leuterhammer ist Arzt. Er beugt sich zu dem Liegenden hinunter und fragt: »Hend Sie was brocha?« Da lallt der Mann: »Noi, no ned, aber s gohd grad los!«

Der Heilpraktiker empfiehlt seinem Patienten: »Trenkad Se amol vier Wocha lang koin Alkohol, no sehad mir, ob sich Ihr Krankheit bessert.« Meint der Mann unglücklich: »Könnt i ned lieaber vier Wocha lang doppelt so viel Alkohol trenka ond no gucka, ob sich mai Krankheit vrschlemmert?«

»**Siea hend dui Operation guad überschdanda**«, teilt der Arzt stolz dem aus der Narkose erwachenden Patienten mit. »Au, des fraid mi aber saumäßig!«, antwortet dieser überrascht, »aber eigentlich hann i bei Ihne bloß diea Fenschder putza wella!«

Ein Mann wird mit Verdacht auf Tollwut in die Klinik eingeliefert. Während der Untersuchungen macht er sich eifrig Notizen. Der Stationsarzt tröstet ihn: »Sie brauchad jetzt no koi Testament macha!« Der Mann entgegnet lächelnd: »Mach i ao ned, i schreib bloß für alle Fäll auf, wen i no ällas beißa muass!«

Nach der Sonntagsmesse sitzt der Pfarrer ziemlich bedrückt im Wirtshaus. Da spricht ihn der Wirt an: »Herr Pfarrer, was guckad Se denn heut so trübsennich?« Meint der Pfarrer: »Do soll mr ned betrübt sai, wenn oim glei bei dr erschda Beichte an Ehebruch ens Ohr gflüstert wird.« Da kommt die Wirtin aus der Küche und sagt: »Grüß Gott, Herr Pfarrer! Gell, do hend Se heut guckt, wo i glei als Ersta zur Beichte komma ben!«

Der Pfarrer sagt nach der Trauung zum jungen Paar: »Gehet hin und mehret euch!« Fragt die Frau schüchtern: »Dürfad mir vorher no ebbas essa?«

Ein Geschäftsmann sucht das Gespräch mit dem Pfarrer: »Glaubad Siea, dass i en da Hemml komm, wenn i dr Kirch fuffzigtausend Euro stifte?« »Des ka i Ihne leider ned vrsprecha«, erwidert der Pfarrer, »aber an Ihrer Stell däd ihs probiera!«

Ein Priester fliegt zum ersten Mal in einem Flugzeug. Die Stewardess bemerkt seine Nervosität und bietet ihm zur Beruhigung einen Cognac an. Da fragt der Geistliche vorsichtig: »En welcher Höhe fliegad mir denn jetzt grad?« »Etwa in elftausend Meter Höhe.« »No brengad Se mir lieber an Sprudl. Wissad Se, wo grad dr Chef so en dr Nähe ischd!«

»Weshalb müssad Siea denn aisitza?«, fragt der Gefängnispfarrer den Gefangenen. Der neu Angekommene zuckt die Schultern: »Aus reinem Konkurrenzneid.« »Wieso denn Konkurrenz?«, will der Geistliche wissen. »Ja, wissad Se«, erklärt der Häftling, »i hann diea gleiche Fuffzig-Euro-Schai ahgfertigt wiea dr Staat!«

Der neue Pfarrer lässt einen Korb für die Kollekte herumgehen. Als der Korb wieder bei dem Geistlichen ankommt, ist er immer noch leer. Da wendet er sich zum Altar und betet: »Lieber Gott, i dank dir, dass wenigstens der Korb wieder zrückkomma ischd!«

In einem kleinen Dorf hat ein junger Pfarrer aus Norddeutschland sein Amt angetreten. Auf einem seiner Informationsrundgänge trifft er die Bäuerin vom Hühnerhof. Sie kommen ins Gespräch, in dessen Verlauf er sich auch nach dem Ergehen ihrer Hühner erkundigt. Die Landwirtin will sich in Bezug auf Sprachgewandtheit nicht lumpen lassen und meint darauf: »Wissad Se, Herr Pfarrer, mit der Legalität gohts ganz gut, bloß bei dr Brutalität haperts no a bissle!«

Ein kleiner Junge muss dem Pfarrer im Beichtstuhl seine Sünden bekennen. »Ond, hoschd du a Sünde gfonda, die du mir beichta muaschd?« »Jo, Herr Pfarrer, i hann nämlich maim Nochber sai Weib begehrt!« Der Pfarrer ist zuerst sprachlos, dann sagt er: »Aber Bua, wiea kommschd denn du auf so ebbas, en daim Alter?« »Weil se nämlich viel besser kocha ond backa ka als mai Mama!«

Der Bräutigam versumpft am Polterabend und geht mit seinen Kumpels eine Wette ein: Wenn er bei der Trauung »Nein!« sagen würde, dann würde er von seinen Freunden fünftausend Euro bekommen. Wenn er aber »Ja!« sagen würde, müsste er jedem einzelnen Freund den gleichen Betrag bezahlen. Am nächsten Tag bereut er natürlich seine Wette und vertraut sich in seiner Not dem Pfarrer an. Nachdem die Braut in der Kirche »Ja!« gesagt hat, wendet sich der Pfarrer an den Bräutigam mit den Worten: »Ond du, lieber Bräutigam, hoschd du was drgega?«

Gütig mahnend schaut der Herr Pfarrer beim Sonntagsunterricht auf die Jüngsten in seiner Gemeinde: »Wer von euch vrhält sich noch de Gebote der Fastazeit?« Sofort schnellt Claras Finger in die Höhe. Der Geistliche freut sich: »Ond was machschd du?« »I geb seit Aschermittwoch onserm Hond koi Wurscht mehr!«

Nach dem Sonntagsgottesdienst steht ein Mann vor der Kirche und brüllt: »Jetzt kah i wieder laufa!« Der Pfarrer eilt herbei: »Warad Siea krank ond send auf wunderbare Weise während mainer Predigt geheilt worda?« »Noe!«, schreit der Mann wütend, »mir hod scho wieder ebber mai Fahrrad klaut!«

Im Kindergottesdienst fragt der Pfarrer die Kleinen, ob denn auch zu Hause mit ihnen gebetet wird. Der kleine Sebastian meldet sich: »Mai Mama betet jeden Obend!« »So«, freut sich der Geistliche, »was betet se denn do?« »Ha, maischdens: ›Gott sei Dank ischd der endlich em Bett!‹«

Aufregung in der Dorfschule. Der Herr Bischof wird erwartet und der Lehrer nimmt seine Schutzbefohlenen noch einmal ins Gebet. Ganz wichtig sei es vor allem, den Herrn Bischof auf keinen Fall zu duzen, sondern stets mit »Sie« anzusprechen, schärft er seinen Schülern ein. Der Bischof kommt, setzt sich ins Klassenzimmer und verfolgt wohlwollend den Unterricht. Schließlich möchte er den Kindern auch noch einige Fragen stellen und pickt sich den neunjährigen Alexander heraus: »Na, mein Kleiner. Nenne mir doch bitte das achte Gebot.« Aufgeregt stottert der Kleine: »Sie sollad nicht stehla, Herr Bischof!«

Der Pfarrer fragt den Konfirmanden: »Was ischd, wenn du oins von dene Zehn Gebote brichschd?« Der Junge überlegt angestrengt und sagt dann schließlich erleichtert: »No sends bloß no neun, Herr Pfarrer!«

Der Pfarrer sitzt im Gasthaus zum Engel und bestellt sich eine Portion Linsen mit Bauchspeck, Saitenwürstchen und Spätzla. Der Tierarzt sitzt am Nebentisch und kommentiert erstaunt, als sich der Pfarrer nach dem Verzehr der nicht gerade kleinen Portion noch einmal dasselbe Gericht bestellt: »Ha, Siea hend aber an guada Appetit, Herr Pfarrer!« »Des ischd no gar nix!«, gibt da der Geistliche zu erkennen, »Siea soddad mi erscht amol essa seha, wenn i aiglada ben!«

Frau Heidenreich bekommt Besuch vom Herrn Pfarrer und erzählt ihm, dass sie ihren Mann seit seinem Lottogewinn nur noch etwa eine Stunde am Tag sehen würde, ansonsten sei er mit dem neuen Sportwagen unterwegs oder beim Angeln, Golfen, Squashspielen, Rafting, Fitnesstraining, Paragliding und abends mit seinen Freunden in der Kneipe. »Oh, Sie arma Frau!«, bedauert sie der Geistliche. »Ach, was solls, Herr Pfarrer«, tröstet sie ihn, »dui Schtond gohd ao rom!«

Ein langjähriger Familienvater geht zur Beichte. Er flüstert: »Herr Pfarrer, i hann en dr vrgangena Nacht sieba Mol gsündigt!« »Wer war denn dui Frau?«, fragt der Seelsorger erschrocken zurück. »Mai oigana!« »Aber no wars doch gar koi Sünd.« »I woiß, Herr Pfarrer, aber i hanns oifach ebber vrzehla müssa!«

Der Pfarrer testet beim Traugespräch die Bibelfestigkeit des Brautpaares: »Wissad Siea ao, wer d Mutter vom Moses gwesa ischd?« Schnell antwortet sie: »Ha, die Dochter vom Pharao!« »Noi, noi, die hod den doch bloß en ma Körble gfonda!«, berichtigt der Pfarrer. Worauf die Braut zischt: »So secht sui!«

Der Dorfpfarrer beschließt beim Abendspaziergang spontan, einem neu zugezogenen jungen Ehepaar einen Besuch abzustatten. Da sein Weg am Garten vorbeiführt, tritt er durch die geöffnete Terrassentür ein. Die junge Frau liegt in knapper Bekleidung auf dem Sofa. »Bischd dus, mai Engale?«, seufzt sie. Da meint der Pfarrer schlagfertig: »Noe, aber i komm von dr gleicha Firma!«

Der Vorsitzende des Kirchengemeinderats berichtet freudestrahlend: »Herr Pfarrer, denkad Se no, mai Frau ischd endlich schwanger worda!« Der Pfarrer faltet die Hände und sagt: »Danket dem Herrn, der über euch wohnt!«

Marina hat ein kleines Brüderchen bekommen, das ständig schreit. So auch bei der Taufe. Der Pfarrer fragt sie: »Möchdeschd du dai Brüderle halta, während i es tauf?« »Noe, der schreit doch emmer!«, verweigert sich die große Schwester. Der Pfarrer versucht sie umzustimmen: »Dai Benjaminle ischd euch vom Himmel gschenkt worda.« Worauf Marina ärgerlich nickt: »I ka mirs scho denka, worom diea den Schreihals hend loswerda wella!«

Tränenüberströmt steht ein Mann vor dem Grabstein von Eustachius Bläderle und ruft mehrmals verzweifelt aus: »Worom bischt du ao gschdorba? Worom hoschd du ao so bald ganga müssa?« Da nähert sich ein Pfarrer, legt seinen Arm um ihn und fragt voller Anteilnahme: »Ischd des Ihr Bruder oder Vatter?« »Noe«, schluchzt da der Mann weinend auf, »dr erschde Ma von mainer Frau!«

Der Zirkuspfarrer traut in der Manege zwei Hochseilakrobaten. Seine Predigt endet mit den Worten: »Ihr seid nun Mann und Frau. Möge Gott immer seine schützende Hand über euch halten.« Da sagt die Braut: »Onder ons wär ons lieaber, Herr Pfarrer!«

Der Gemeindepfarrer will in den Ruhestand wechseln. Er bespricht sein Ansinnen mit dem Vorsitzenden des Kirchengemeinderates und argumentiert: »Woischd, Johannes, mr sechd doch ao emmer, neue Besa kehrad guat!« Johannes schüttelt nachdenklich den Kopf. »Des schdemmt scho, aber dr alte Besa woiß besser, wo dr Dreck sitzt!«

Der Mesner erkundigt sich beim Pfarrer: »Über was dend Se denn heut prediga?« »Dass d Sparsamkeit a Tugend ischd!« »Au weh!«, sagt der Mesner nachdenklich. »No ischs vielleicht besser, wenn mir d Kollekte no vor dr Predigt aisammlad!«

In einem Mietshaus wohnt ein Stockwerk über dem Pfarrer eine Dame von sehr zweifelhaftem Ruf. Eines Abends klingelt es beim Pfarrer und ein Kavalier mit Blumenstrauß steht vor der Tür. Gütig lächelnd klärt ihn der Gottesmann auf: »Die Sünde, mein Sohn, wohnt an Stock höher. Hier onda werdad bloß die Sünda vrgeba!«

»Na, Florian, wie alt bischd du denn?«, fragt der Geistliche den Jungen nach dem Jugendgottesdienst. »Segs Johr, Herr Pfarrer!« »Ond wann bischd du denn segs worda?« »An maim Geburtsdag!«

Der Pfarrer fragt im Religionsunterricht, ob die Kinder denn wissen, wer der Schutzpatron der Glöckner sei. Allgemeine Ratlosigkeit. Da meldet sich der kleine Steffen unsicher: »Herr Pfarrer, ischd des vielleicht dr heilige Bimbam?«

Der neue katholische Pfarrer besucht eine Familie mit besonders treuen Kirchgängern. Im Gespräch schwärmt er auch über die vielen hübschen Mädchen in der Gemeinde. Der Hausherr blickt streng über seine Brille: »I muss mi scho wondera, Herr Pfarrer!« Doch dieser lächelt entwaffnend: »Worom? Ao wenn i auf Diät ben, ka i doch an Blick en d Speisekarte werfa!«

Der Pfarrer fragt im Religionsunterricht: »Kann mir jemand saga, worom heddad denn Adam ond Eva von dem Baum der Erkenntnis koin Apfel essa dürfa?« Da meldet sich die kleine Sarah etwas unsicher: »Vielleicht warad diea Äpfel gschbritzt, Herr Pfarrer?«

Ein Landwirt erhält Besuch von der Polizei. »Mir hend an anonyma Hinweis krieagt, dass Siea illegale Pflanza züchdad, ond müssad jetzt Ihren Hof durchsucha.« Der Bauer antwortet: »Des könnad Se gern macha, außer en dem Stall nebam Haus!« Der Polizist herrscht ihn sofort an: »I hann an Durchsuchungsbeschluss, do ka i ällas durchsucha! Ischd des klar?« Der Landwirt nickt und geht wieder seiner Arbeit nach. Minuten später rennt der Polizist, von einem Stier verfolgt, an ihm vorbei. Da ruft der Hofbesitzer ihm nach: »Zeigad Se ihm doch Ihren Durchsuchungsbeschluss!«

Anruf bei der Polizei: »Hallo, Polizei? Bitte kommad Se schnell!« Polizist: »Was ischd denn los?« Der Anrufer: »Do kämpfad zwoi Fraua om mi!« »Ja, aber wo liegt denn do Ihr Problem?« »Ha, de dick ischd am Gwenna!«

Die Tochter des Kriminalkommissars erscheint mit einem großen Blatt in der Hand beim Frühstück und gesteht: »Du, Baba, i ben schwanger!« Bevor der völlig überraschte Vater etwas erwidern kann, reicht sie ihm das Blatt und fügt hinzu: »Ond do ischd a Liste mit de Vrdächtige!«

Strafend schaut der Polizist den Lastwagenfahrer an: »Ihr Fahrzeug ischd völlig überlada! I muass Ihne leider da Führerschai abnemma!« Entrüstet protestiert der Fahrer: »Aber des ischd doch lächerlich ond brengt nix, der Führerschai wiegt högschdens zehn Gramm!«

Der Polizist stoppt einen Wagen und fragt den Fahrer: »Hend Siea an Führerschai?« »Jo!«, sagt der Fahrer. »Muss i ihn vorzeiga?« »Noe, danke, ned nötig. Wenn Siea koin ghed heddad, no heddad Siea ihn vorzeiga müssa!«

Der Polizist befragt den Einbrecher: »Wann hend Siea denn gmerkt, dass des Grondstück bewacht war?« Der Mann entgegnet gequält: »Wo i am Zaun diea Zähn von dem Dobermann en maim Hendera gschbürt hann!« Daraufhin wendet sich der Polizist an den Zeugen und fragt: »Stemmt des, Herr Dobermann?«

Ein Polizist erwischt ein Einbrecherduo. Einer davon kann jedoch fliehen. Der Wachtmeister knöpft sich den anderen vor: »Jetzt sagad Se scho endlich da Nama von Ihrem Kompliza!« »Niemols!«, erwidert der Angeklagte fest entschlossen. »Glaubad Siea etwa, i vrpfeif main oigena Bruder?«

Tresorknacker-Edgar wird mal wieder ins Gefängnis eingeliefert. Der Justizbeamte warnt ihn: »Vorsicht, do ischd a Stufe!« Da knurrt Edgar: »Dui hann i scho kennt, do send Siea no en de Wendla glega!«

Ein Autofahrer wird um zwei Uhr früh von der Polizei angehalten und gefragt, wo er denn um diese Zeit in der Nacht noch hinfahre. Der Mann antwortet: »I ben auf em Weg zu ma Vortrag über Alkoholmissbrauch ond saine Auswirkunga auf da menschlicha Körper sowie diea Einflüsse durch Raucha ond des späte Hoimkomma.« Der Polizist fragt: »Echt? Wer hält denn om dui Zeit en dr Nacht no so an Vortrag?« Der Mann antwortet: »Mai Frau!«

Fahrzeugkontrolle. »Ihr lenks Rücklicht brennt ned!«, belehrt der Polizist den Lastwagenfahrer. Der steigt aus, geht nach hinten und bleibt fassungslos stehen. »Sehad Se selber, es funktioniert ned!«, wiederholt der Beamte freundlich. »Ach, hörad Se mir auf wega dem blöda Rücklicht!«, schnauzt ihn der Kapitän der Landstraße an. »Sagad Se mir lieaber, wo main Ahhänger blieba ischd!«

Ein kleiner Junge rennt aufgeregt zu einem Polizisten und ruft: »Kommad Se schnell, do drüba wird grad main Vatter vrschlaga!« Der Polizist rennt mit ihm zu der Stelle, wo zwei Männer miteinander kämpfen. Dann fragt er: »Welches ischd denn jetzt dain Vatter?« Der Bub: »Des woiß i ned, deshalb vrschlagad se sich jo grad!«

Ein älterer Autofahrer wird von der Polizei angehalten. »Sie send viel zu schnell gfahra!«, wirft ihm der Beamte vor. »Des muass i«, verteidigt sich der Fahrer, »bevor i vrgess, wo i nah-will!«

Bei einer Verkehrskontrolle sagt der Beamte zu der älteren Fahrerin: »Sagad Se mol, send Sie denn ned ganz bacha? Sie könnad doch ned mit achtzig durch dui gschlossena Ortschaft rasa!« Daraufhin lächelt ihn die Dame entwaffnend an und meint: »Des ischd doch bloß main Hut, der mi so alt macht!«

Eine Frau kommt auf das Polizeirevier und meldet ihren Mann als vermisst. Der Beamte benötigt eine genaue Personenbeschreibung. »Also, er ischd oin Meter fenfafuffzig groß, hod a Vollglatze, er schillad ond stottert.« Dann macht sie eine kurze Pause und sagt hastig: »Ach, wissad Se was, suchad Se ihn lieber doch ned!«

An der Ampel steht ein Polizist. Eine alte Dame spricht ihn an: »Helfad Siea mir bitte über dui Kreuzung?« Der Polizeibeamte: »Gern, sobald dui Ampl grün ischd.« Worauf die Dame ärgerlich meint: »Ja, bei Grün ka ihs ao alloi!«

Der Polizist blickt den Dieb streng an: »Wiea send Siea eigentlich auf den Gedanka komma, den Waga zom stehla?« Der zuckt mit den Schultern: »Ha, des Auto ischd vor em Friedhof gschdanda, ond no hann i hald denkt, der Besitzer sei dod.«

Ein betrunkener Fahrer wird von der Polizei angehalten. Sagt der Polizist: »Siea hend grad a Stoppschild überfahra!« Entsetzen breitet sich auf dem Gesicht des Fahrers aus: »Om dr Hemmls willa, hicks, ja hoffentlich lebts no, hicks?«

Ein Polizist stoppt eine sehr junge Autofahrerin: »Ihren Führerschai bitte!« Da schaut ihn das Mädchen mit einem unschuldigen Augenaufschlag an und fragt: »Wieso Führerschai? I hann denkt, den krieagt ma erschd mit achtzehn?«

Der Polizist nimmt den Autounfall einer Dame auf. »Wiea hoißad Siea?« »Häfele!« »Ond Ihr Alter?« »Ao Häfele, genau wiea i!«

Eine Polizeistreife verfolgt eine Sportwagenfahrerin mit etwa zweihundertvierzig Stundenkilometer auf der Autobahn. Sie wird mit Lichtsignalen von der Streifenwagenbesatzung zu einem Parkplatz begleitet. Der Beamte sagt lächelnd zu der blendend aussehenden jungen Fahrerin: »Erlaubt warad auf dem Streckaabschnitt hondert Stondakilometer. Wenn Sie koi guada Ausred parad hend, send Se ganz schee dra!« Die Dame lächelt zurück: »Mai Ma ischd mit ra Polizistin durchbrennt, ond wiea i Ihr Blaulicht em Rückspiegel gseha hann, hann i denkt, se will ihn mir wieder zrückbrenga!«

Zwei Polizisten fahren bei Glatteis auf einen Baum. Grinst der Beifahrer den Fahrer an und sagt: »Du, des war Rekord. So schnell send mir no niea an ma Ohfallort gwesa!«

Atemlos hält ein Passant einen anderen an. »Hend Siea an Polizista gseha?« »Noe, leider koin oinziga!«, bedauert dieser. Worauf der andere eine Pistole zückt und sagt: »Also, dann aber nix wiea raus mit Ihrer Brieafdasch!«

Gerd sieht gerade noch, wie sein Auto abgeschleppt wird. Da fragt er den Polizisten: »Derf ma zu ma Wachtmeister Rendviech saga?« »Onderstandad Se sich!«, donnert dieser. »Ja, ond wenn i zu ma Rendviech Wachtmeischder sag, däd des no ganga?« Der Beamte nickt. Da ruft Gerd fröhlich aus: »Also, auf Wiedersehen, Herr Wachtmeischder!«

Polizeikontrolle. Der Fahrer ist hackedicht und lallt: »I hann bloß Kamillatee dronka!« Der Polizist schaut auf die Skala des Alkoholmessgerätes und meint: »No hend Siea aber mindestens zwei Komma acht Kamille!«

Im Polizeirevier klingelt das Telefon. Der wachhabende Beamte meldet sich. Der Anrufer fragt nuschelnd: »Isch dort d Bolezeiwach?« Der Beamte bestätigt dies. Da meint der Anrufer lallend: »No bleibad Se bitte ao dort! Hicks, hoppla. Sonschd ben i, hicks, main Führerschai los!«

Es klingelt an der Haustür. Frau Müller öffnet. Ein Polizist fragt: »Ischd Ihr Mann Amateurfunker?« »Jo, aber des ischd doch ned etwa vrbota?« »Wiea mers nemmt«, meint der Beamte achselzuckend. »Aber grad send diea Kampfgeschwader von onserer gesamta Nato-Luftflotte aufgschdiega!«

Der Polizist fordert den angetrunkenen Autofahrer auf: »En Ihrem Zustand hoißts: ›Händ weg vom Steuer‹!« Da lallt der Betrunkene: »Ha, Siea send guad, jetzt soll i ao no bsoffa freihändig fahra!«

Ein Autofahrer fährt Schlangenlinien. Er wird von einer Polizeistreife angehalten und aufgefordert zu blasen. Er verweigert das. Da wird der Polizist wütend: »Zom letschda Mol, wenn Se jetzt ned blosad, blos i, ond no hend Se aber Ihren Führerschai los!«

Ein junger Literat fährt sturzbetrunken mit über einhundert Stundenkilometer durch die Stadt. Ein Polizist hält ihm seine Trunkenheit vor. Da lallt der Fahrer: »Ja ond, dr Hemingway, dr Dostojewski ond dr Edgar Allan Poe hend doch schließlich ao älle gsoffa!« Da rennt der Polizist an sein Funkgerät und ruft aufgeregt hinein: »Schnell, rieglad de ganz Gegend ab, do send no mehr Bsoffane onderwegs!«

Ein Polizist hält die kesse Anne an, die mit ihrem Auto in die falsche Richtung der Einbahnstraße fährt: »Wissad Se, worom i Siea ahghalta hann?« Worauf Anne mit betörendem Augenaufschlag flötet: »Lassad Se mi rota. – Sie send einsam?«

Der Angeklagte empfängt in der Untersuchungshaft einen Rechtsanwalt und fragt: »Was koschdad denn des, wenn i mi von Ihne vrteidiga lass?« »Sechshondert Euro für drei Froga!« »Des ischd aber arg viel, fendad Se ned ao?« »I ben drfür ao super! Ond wiea laudad Ihr dritta Frog?«

Der Sohn des Scheidungsanwalts äußert auf Drängen seines Vaters, doch etwas mehr Engagement bezüglich seiner schulischen Leistungen an den Tag zu legen: »Woischd, Baba, mai Motivatio ond i hend Beziehungsprobleme ond lebad grad getrennt!«

Der Rechtsanwalt fragt seinen Mandanten: »Ja, wo warad Siea denn en dera fraglicha Nacht?« Der Mann schaut den Juristen sehr missbilligend an: »Siea frogad jo scho genau wiea mai Frau!«

Überglücklich ruft der Mandant: »Herr Rechtsanwalt, wiea viel ben i Ihne für den Freispruch schuldig, den Siea für mi rausgholt hend?« Der Jurist lächelt: »I ben mit ma Drittl von dem zfrieda, was Se mir hend geba wella, wo Se no auf dr Anklagebank gsessa send!«

Mandant: »Was haldad Se drvo, wenn i dem Richter dreitausend Euro schick?« Anwalt: »Om Hemmels willa! Siea riskierad an Bestechungsprozess ond Ihren Fall hend Se von vornarai scho vrlora!« Mandant: »Wenn Siea moinad.« Der Mandant gewinnt als Beklagter den Prozess. Als ihm sein Anwalt das günstige Ergebnis mitteilt, schmunzelt er: »Na, was sagad Se jetzt? I hann dem Richter nämlich doch dreitausend Euro gschickt!« Der Anwalt wird blass: »Des hend Siea wirklich doa?« Mandant: »Natürlich, bloß hann i d Visitakart vom Kläger beiglegt!«

»**Es ist der Alkohol** und nur der Alkohol allein, der an Ihrer verzweifelten Lage schuld ist!«, rügt der Rechtsanwalt. »I dank Ihne vielmols für Ihr Vrständnis«, stammelt der Mandant erleichtert, »Siea send dr Erste, der ned mir d Schuld en d Schuha schieabt!«

Ein Rechtsanwalt hat einen Mandanten in einem Skandalprozess erfolgreich verteidigt. Auf einer Party danach spricht ihn eine entrüstete Dame an: »Für Siea ischd wohl koi Delikt zua gemein, zua abscheulich, zua unerhört, als dass Siea ned dui Vrteidigung übernehma dädad!« »Kommt drauf ah!«, sagt der Anwalt lächelnd. »Was hend Se denn ausgfressa?«

Beim Anwalt sitzt eine Frau. Sie will sich scheiden lassen und erzählt ihm lang und breit alles über ihre Ehe. Nachdem sie geendet hat, fragt sie: »Ond, was moinad Se, ka i do drmit mai Scheidung durchsetza?« Der Anwalt schüttelt den Kopf: »Siea ned, aber Ihr Ma!«

Der Richter fragt: »Herr Verteidiger, hend Sie no etwas zugunsta von dem Angeklagta vorzubrenga?« Der Anwalt steht auf und ruft pathetisch: »Jo, Euer Ehra, main Mandant ischd schwerhörig ond ka doher ao ned auf die Stimme von saim Gwissa höra!«

Der Rechtsanwalt redet seinem Mandanten ins Gewissen: »Hend Sie bei Ihrem Einbruch eigentlich ned an Ihr arma, alta Mutter denkt?« Der Mann betrübt: »Doch, scho, aber es war nix Passends für se drbei!«

Der Staatsanwalt unterbricht den Rechtsanwalt bei seinem Plädoyer: »Herr Verteidiger, Sie könnad sich kurz fassa, Ihr Mandant hod dui Einbruchserie bereits zugeba.« Völlig entrüstet ruft der Rechtsanwalt aus: »Ja, glaubad Sie denn ema gwohnheitsmäßiga Einbrecher mehr als mir?«

Die ältere Anwältin hält ein brillantes Plädoyer für den gut aussehenden Einbrecher. Ein Freispruch liegt in der Luft, da lässt sich die Dame zu dem Satz hinreißen: »Herr Richter, i ben so von dr Unschuld von maim Mandanta überzeugt, dass i ihn auf dr Stell heirata däd.« Da erklärt der Angeklagte erschrocken: »Also, en dem Fall möcht i lieaber den Aibruch zuageba!«

Ein Geschäftsmann beauftragt seinen Rechtsbeistand mit der Eintreibung einer Forderung von zehntausend Euro und verspricht ihm als Erfolgsprämie die Hälfte der Summe. Nach einiger Zeit erhält er einen Anruf von dem Anwalt: »Mit Müh ond Not hann ihs gschafft, auf dem Weg der gütlicha Einigung fenftausend Euro rauszomhola. Ihr Hälfte halt i leider für ganz vrlora!«

Frau Seidler sitzt völlig aufgelöst beim Rechtsanwalt: »Gestern hann i an anonyma Brieaf grieagt. Was soll i Ihrer Ahsicht noch doa?« Der Jurist wiegt bedächtig mit dem Kopf: »Am besta gar ned drauf antworta!«

Der Richter erkundigt sich bei dem Angeklagten: »Worom hend Siea denn diea parkende Autos aufbrocha?« »Ha, so a blöda Frog!«, brummt dieser ärgerlich, »weil i ned schnell gnuag ben, om fahrende Autos aufzombrecha!«

Der Anwalt schaut den Lehrer missbilligend an: »Wieso hend Sie eigentlich dui Beleidigung von dem Polizista glei dreimol wiederholt?« Der Schulmeister doziert selbstbewusst: »I woiß des halt von maine Schüler, bloß was ma ständig wiederholt, gohd ao ens Langzeitgedächtnis über!«

Der Rechtsanwalt fragt den scheidungswilligen Mandanten: Ja, om Hemmels willa, was hend Sie denn überhaupt no gemeinsam mit Ihrer Frau?« Müde Antwort des Mannes: »Mir hend am gleicha Dag gheiradad!«

Der Scheidungsanwalt kommt aus der Beratung mit der Familienrichterin und erzählt seinem Mandanten, dass seine Frau ihm verzeihe und es noch einmal mit ihm probieren will. Da nickt der Mann nachdenklich und sagt schließlich: »Gut, sagad Se der Richterin, i nemm dui Strof ah!«

Sagt ein Anwalt zum Kollegen: »Siea solldad dringend amol Urlaub macha. Sie sehad ganz blass ond abgschafft aus.« »Sie hend recht, des wär dringend nötig, aber i kanns mir momentan finanziell ned leischda, weil i mir doch a Feriahaus kauft hann!«

Der Rechtsanwalt fragt die Ehefrau: »Worom hend Siea denn Ihren Ma auf dera Bergwanderung emmer ond emmer wieder a baar an d Backa nahghaua?« Worauf die Frau enthusiastisch ausruft: »I hann oifach ned widerschdanda könna. Des war so a wunderbars Echo!«

Unter Tränen gesteht Frau Randecker dem Rechtsanwalt: »Mai Ma hod mi jetzt endgültig vrlassa!« Dieser versucht sie zu beruhigen: »Ach, i glaub, der kommt scho wieder! Er ischd doch scho zwoimol zrückkomma!« »Desmol ned, jetzt moint ers ernschd!« »Wiea kommad Se do drauf?« »Er hod sai Modelleisebah mitgnomma!«

»**Sag mol, Laura,** wieso bischd du denn so furchtbar sicher, dass du den Erbschaftsprozess gwennscht?«, fragt Veronika ihre beste Freundin. »Weil mir geschdern main Rechtsahwalt an Heiratsahtrag gmacht hod!«

»**Worom hend Sie denn** auf Ihren Jagdkamerada gschossa?«, will der Rechtsanwalt wissen. »Weil i ihn für a Wildsau ghalda hann!« »Ond wann hend Sie gmerkt, dass des an Irrtum war?« »Wo dui Wildsau zrückgschossa hod!«

Der Richter sieht den Verteidiger nach dessen Plädoyer nachdenklich an: »Herr Rechtsanwalt, wenn i Sie richtig vrstanda hann, soll i jetzt Ihren Mandanda, den Angeklagta Lederer, heilig sprecha?«

Der frisch geschiedene Ehemann verlässt mit seinem Rechtsanwalt das Gerichtsgebäude. »Dui Scheidung hod mi viel mehr koschdad als onser Hochzeit domols!«, mosert der Ehemüde. »Richtig«, bestätigt der Anwalt, »aber drfür hend Se ao viel länger Fraid dra!«

Ein Rechtsanwalt kommt sehr spät zur Beerdigung eines Kollegen. Ein anderer Kollege flüstert ihm zu: »Dr Pfarrer hod scho mit dr Vrteidigung ahgfanga!«

Der Rechtsanwalt sagt freudestrahlend zu seinem Mandanten: »Mir hends gschafft! Sie hend mir doch vrsprocha, dass i zehntausend Euro grieag, wenn Sie bloß mit ma halba Johr Gfängnis drvokommad. Des war fai a harts Stück Arbad, bis i diea so weit ghed hann. Denkad Se no, diea hend Siea doch glatt freisprecha wella!«

Frau Eisenlohr kommt in ein Postamt und sieht dort einen elegant gekleideten Mann, der eine Unmenge rosafarbener Briefumschläge mit Herz-Stempeln schmückt und anschließend mit Parfüm besprüht. Interessiert spricht sie ihn an, was das soll. »Ganz oifach, i mach d Post zom Valentinstag!« »Aber worom send des no so viele Brief?« »Ha, wissad Se, i ben Scheidungsahwalt!«

Wütend rennt der Ehemann in das Büro seines Rechtsanwaltes und ruft: »Jetzt will i d Scheidung! Aber endgültig!« Der Anwalt versucht ihn zu beruhigen: »Jetzt sitzad Se no gschwend na ond erzählad en Ruha, was los ischd.« Da schreit der Mann weiter: »Denkad Se no, jetzt hod se scho onsern Hond so dressiert, dass er ihra diea Sacha wieder zrückbrengt, diea se mir nochschmeißt!«

Frau Jonathan erzählt weinend ihrem Rechtsanwalt: »Dreißig Johr lang hann i maim Ma jeden Samschdagobend da Rücka wäscha müssa.« »Aber des ischd doch koi Scheidungsgrund!«, ruft dieser verständnislos aus. »Doch«, schluchzt sie auf, »am letschda Samschdag war sain Rücka scho sauber!«

Der Richter schaut den Angeklagten streng an: »Hend Siea den Aibruch so beganga, wie i ihn grad eba gschildert hann?« Bedauernd schüttelt der Mann den Kopf: »Noi, aber i muass zuageba, dass Ihr Idee ao ned schlecht ischd!«

Der Richter erkundigt sich bei dem Zeugen: »Wie hod sich der Angeklagte ausdrückt? Hod er gsagt, er hätt des Auto gschdohla? Oder hod er do drbei en dr dritta Person gschbrocha?« »Noe, Herr Richter, mir send alloi gwesa.« »Siea hend mi falsch vrschdanda. Mir gohds do drom, hod er gsagt: ›I hann des Auto gschdohla.‹?« »Noe, Herr Richter, von Ihne hod der überhaupt nix gschwätzt!«

Der Schnellrichter fragt den Angeklagten: »Was hod Siea denn heut scho wieder zo mir gführt?« Der Mann antwortet wahrheitsgemäß: »Zwoi Polizista.« »Send Se wieder bsoffa gwesa? Nemm i mol ah.« »Jawoll, Herr Richter, älle zwoi!«

»Angeklagter, was hat Sie vor die Schranken des Gerichts geführt?«, will der Richter wissen. »Main Glaube, Herr Vorsitzender!«, erklärt der Mann. »Ihr Glaube?«, fragt der Richter konsterniert zurück. »Jo, i hann nämlich glaubt, dass dui Bank koi Alarmahlag hod!«

Der Zeuge schildert vor Gericht den Verlauf einer Schlägerei: »Ond no hod jeder von dene zwoi an Stuhl gnomma ond auf da andera naigschlaga.« »Und wieso haben Sie dann nicht eingegriffen?«, fragt der Richter mit leisem Vorwurf in der Stimme. »S war leider koin Stuhl mehr do, Herr Richter!«

Ein Mann wird zu einer Gefängnisstrafe verurteilt, weil er mit vier Frauen gleichzeitig verheiratet ist. In seiner Urteilsbegründung fügt der Richter lächelnd hinzu: »I denk, dui Erholung wird Ihne gut doa!«

Hans, Günther und Emil sind zum Vaterschaftsprozess vorgeladen. Hans: »I hann a super Idee! Wenn mir älle dui Vaterschaft anerkennad, ka ons eigentlich gar nix bassiera!« Die beiden anderen stimmen begeistert zu. Als Erster muss nun Hans vortreten: »Erkennen Sie die Vaterschaft an?« Hans: »Jawohl, Herr Richter!« Der Richter: »Die Verhandlung ist hiermit geschlossen!«

Der Richter doziert in Richtung des Angeklagten: »Mir kommad jetzt zur Verlesung von Ihrem Vorstrafenverzeichnis.« Der Mann zuckt die Schultern: »Von mir aus. Bloß, dass hendadrai niemand behaupdad, i hedd dui Vrhandlung böswillig en d Länge zoga!«

Der Richter nickt wohlwollend dem Angeklagten zu: »Mit dem Freispruch hend Se wohl ned grechnad, gell?« »Noe«, erwidert der Angeklagte betrübt, »i hann jo bereits mai Wohnung vrmietet!«

Der Richter ruft empört: »Angeklagter, hod denn des ned glangt, dass Siea dem Kläger sai Brieaftasch aus dr Hand grissa hend? Worom hend Siea ihm denn ao no lenks ond rechts oina an d Backa nahgschlaga?« »Weil dui Brieaftasch leer war, Herr Richter!«

Der Richter schaut den Beschuldigten streng an: »Angeklagter, i vrschdand oifach ned, dass Siea emmer wieder rückfällig werdad.« »Des ischd bei mir krankhaft, Herr Richter! Emmer wenn i an Tresor seh, krieag i an Brechreiz!«

Der Richter hat sich in Rage geredet. »Angeklagter Lehmann, Leugna ischd doch zwecklos! Vier Zeuga hend Siea bei dem Einbruch gseha!« Lehmann zuckt gleichgültig mit den Schultern: »Jo ond? I ka Ihne mindestens vierhondert Zeuga brenga, diea mi do drbei ned gseha hend!«

Nach endlosem Leugnen legt der Angeklagte schließlich doch ein Geständnis ab. »Worom hend Se denn des ned glei zuageba, no heddad mir ons dui langa Vrhandlung schbara könna?«, fragt der Richter müde. Worauf der Angeklagte erwidert: »I hann jo selber glaubt, dass i ohschuldig ben, aber Ihre Beweise hend mi schlieaßlich überzeugt!«

»Herr Richter, i ben ohschuldig!«, beteuert der Angeklagte. »Des sagad älle!«, gibt der Richter zurück. »Also«, atmet der Angeklagte auf, »wenns älle sagad, no muss es doch schdemma!«

Der Haftrichter verhört den eben festgenommenen 96-jährigen Mann. »Siea wellad mir doch ned weismacha, dass Sie für dui Vergewaltigung en Frog kommad? Des ischd doch lächerlich!« »I woiß«, nickt der Alte bedauernd, »aber i hann mi so gschmoichelt gfühlt, dass i dem Wachtmeischter oifach ned hann widersprecha könna!«

»Angeklagter, legad Sie a Geschdändnis ab. Glaubad Sie mir, es ischd besser für Siea!«, legt der Richter dem jungen Mann nahe. Doch der schüttelt energisch den Kopf und sagt: »Noe, Herr Richter, zerscht will i höra, was diea Zeuga wissad!«

Der Scheidungsrichter fragt den Ehemann: »Herr Staller, Sie hend doch so a netta Frau. I begreif gar ned, wieso Sie sich scheida lassa wellad?« Da lächelt der Ehemann: »Herr Richter, am beschda ischds, i lass se Ihne amol a Woch do, no werdad Se mi vrschdanda!«

Zwei Raufbolde stehen vor dem Richter. Der eine wird nach der Ursache der Schlägerei befragt und erklärt dann stockend: »Also, Herr Richter, ahgfanga hods do drmit, dass der Streithansl do drüba zrückgschlaga hod!«

Der Richter befragt den Zeugen: »Wie weit waren Sie von der Unfallstelle entfernt?« »Neunzehn Meter ond elf Zentimeter!« »Wieso wissen Sie denn das so exakt?« »I hann des sofort nochgmessa, weil i mir denkt hann, dass mi irgend so an Dubbaler drnoch froga wird!«

Der Richter fragt die Angeklagte: »Was glaubad Sie denn, an was Ihr Mann gschdorba ischd?« »An sainer ewiga Rechthaberei, Herr Richter!« »Wieso denn des?« »Weil der schteif ond fescht behaubdad hod, dass des nieamols an Knollablätterpilz wär!«

Der Richter fragt den wegen einer Geschwindigkeitsüberschreitung angeklagten Mann: »Sie bleibad also drbei, Sie wärad nicht so schnell gfahra, wiea Ihne des vorgworfa wird?« »Jawoll, Herr Richter!« »Ond wie wellad Sie denn des widerlega?« »Ganz oifach, indem ich Ihne sag, dass i auf em Weg zu mainer Schwiegermutter war!«

Der Richter ermahnt die gut aussehende junge Frau im Zeugenstand: »Sie wissad, was Sie für eine Falschaussage griegad?« Errötend nickt die Dame: »Jo, Herr Richter, zehntausend Euro ond a Cabrio!«

Der Richter herrscht den Angeklagten barsch an: »Beruf?« »Einbrecher, Herr Richter!« »Einbrecher ischd koin Beruf, des ischd einfach nur kriminell!« Da schnauzt der Beschuldigte zurück: »Was dädad Siea denn ohne so Leut wiea ons?« Der Jurist lächelnd: »Des ischd allerdings richtig.« »Also, wiea schwätzad Siea eigentlich mit Ihrem Arbeitgeber?«

Der Richter zum Kläger: »Glaubad Sie ned, dass der Angeklagte Sie halt em Affekt a Granada-Rendviech ghoißa hod?« »Noe, Herr Richter, der hod mi vorher lang ond prüfend ahguckt!«

Der Richter fragt den Angeklagten: »Hend Sie no was zu saga, bevor i des Urteil vrkünde?« »Jo«, nickt dieser, »i wär Ihne arg dankbar, wenn Se en Ihrer Rede des Wort Freispruch onderbrenga könndad!«

Bei der Gerichtsverhandlung über einen Exhibitionisten gelingt es dem flinken Angeklagten, sich blitzartig vor der jungen Richterin zu entkleiden. Die Dame klappt ihren Ordner zu, wendet sich an den Staatsanwalt und ordnet an: »Des Vrfahra wird aigschdellt wega Geringfügigkeit!«

Fragt der Richter: »Send Siea mit dem Angeklagta vrwandt oder vrschwägert?« Die Zeugin antwortet: »Jo, hohes Gericht. I hann an Sohn von ihm ond mit dem Sohn hann i zwoi Töchter.« Der Richter ringt nach Worten: »Ja, aber ...?« Worauf die Dame lächelnd nachschiebt: »Regad Se sich ned auf, er ischd main Schwiegervatter!«

»Also, i geb jo zua, i ben tatsächlich auf dr Autobahn kniet, aber do drmit ischd no lang ned bewiesa, dass i bsoffa war«, verteidigt sich der Angeklagte. »Ned ohbedingt«, räumt der Richter ein, »aber wie erklärad Se sich Ihren wiederholta Vrsuch, da Mittlstroifa aufzomrolla?«

Der Richter schaut den Beklagten über den Rand seiner Brille an und fragt: »Schdemmt des, dass Sie zom Herr Schneider gsagt hend, dass er a großa Gosch hedd?« Empört entgegnet der: »Des schdemmt überhaupt ned! I hann bloß zo ihm gsagt, dass er lässig a Banan quer essa könnt!«

Rainer wird wegen Beamtenbeleidigung vor den Richter zitiert und von diesem zu einer Geldstrafe von einhundert Euro verdonnert. »Möchten Sie noch etwas dazu sagen?«, fragt der Richter. Darauf Rainer: »Ja, i wüsst scho no ebbas, aber des wird mir doch z teuer!«

Ein Schüler geht unvorbereitet in die Klassenarbeit. Vor der Abgabe der Mathematikarbeit kritzelt er noch einen Satz auf das leere Blatt: »Dr liebe Gott woiß ällas, i aber woiß nix!« Auf seiner korrigierten Arbeit steht: »Gott 1, du 6!«

Im Biologie-Unterricht geht es um Pflanzenkunde. »Wer kennt no andere Ausdrück für Staubgefäße?«, fragt der Lehrer in die Runde der Schüler. Manfred weiß einen: »Mülloimer, Herr Lehrer!«

»Was ist wichtiger für ons, d Sonn oder dr Mond?«, fragt die Lehrerin die Erstklässler. »Natürlich dr Mond«, antwortet der kleine Tim, »weil der leuchtet en dr Nacht, wenns donkl ischd. Am Tag ischs jo sowieso hell!«

Ein Gefängnisinsasse erzählt seinem Zellengenossen den Grund seiner Strafe: »Woischd, s wär ällas guat ganga, wenn ned main Bua en dr Schual an Aufsatz über da Beruf von saim Vatter hedd schreiba müssa!«

In der Physikstunde beginnt der Lehrer mit dem neuen Thema »Magnetismus«. Als Erstes fragt er die Schüler: »Wer kennt des Wort, es fängt mit ›M‹ ah ond hebt Gegaständ auf, diea romliegad?« Der kleine Paul antwortet: »I woiß es, Herr Lehrer, des isch d Mutter!«

Die kleine Lena läuft weinend zu ihrer Lehrerin und meint schluchzend: »Wissad Se, mir basst ao ned ällas, was Siea machad, aber renn i deswega zo Ihre Eltern ond petz?«

Der Lehrer fragt die Schüler: »Was vrsteht mr denn onder Wasserkraft?« Die kesse Lisa weiß die Antwort sofort: »Wenn i so lang heul, bis i des krieag, was i will!«

Die Lehrerin fragt einen Schüler: »Max, wie definierscht du Wind?« Der kleine Max meint eifrig: »Wind ischd Luft, die sich bewegt!« »Richtig, ond was ischd Sturm?«, fragt die Lehrerin weiter. »Sturm ischd an Wind, dems bressiert!«

Der Lehrer fragt die kleine Silke: »Sag mol, wiea kommt des jetzt, dass en letschder Zeit älle Hausaufgaba von dir ohne Schreibfehler send?« Die Kleine nickt eifrig: »Weil main Vatter vrreist ischd!«

Die Lehrerin versucht, den Kindern den Zeitbegriff zu erklären: »Susi, heut kannschd du saga: ›I ben a Kend.‹ Was kannschd du en einige Johr wohl saga?« Susi vorsichtig: »›I hann a Kend?‹« »Noi, ned ganz so weit en d Zukunft!« »Ha, no vielleicht: ›I ben schwanger‹?«

Der Deutschlehrer doziert vor der Klasse und spricht dann den Klassenprimus an: »Arian, wenn i sag: ›Dein Vater hat Geld‹, was für eine Zeit ischd des?« Der Junge: »Des muss so om da Ersta rom sai, Herr Lehrer!«

Der Grundschullehrer fragt den kleinen Maik: »Sag mir amol ebbas Wichtigs, was mir heut hend, aber no ned vor zehn Johr.« Der Junge strahlt den Lehrer an und sagt: »Mi!«

Der Schuldirektor knöpft sich den renitenten Schüler Paul vor und brüllt: »Woischd du eigentlich, worom di daine Eltern en d Schual schickad?« Paul nickt und meint: »Ha logisch, dass se drhoim ihr Ruha hend!«

Die Lehrerin fragt die kleine Sophia: »Wenn du sagschd: ›Die Schule macht mir große Freude!‹, was für an Fall ischd des?« Treuherzig blickt die Kleine sie an: »An seltener Fall, Frau Lehrerin!«

Der Chemielehrer fragt seine Klasse: »Was passiert, wenn Silber längere Zeit em Freia liegt?« Luisa meldet sich eifrig: »I denk, des wird gschdohla!«

Der kleine Gerrit hat seine erste Englischstunde gehabt und erzählt den Eltern am Mittagstisch stolz: »Denkad no, i ka scho bitte, danke, guten Tag ond gute Nacht auf Englisch saga.« Der Vater ist begeistert: »Des ischd jo toll! Des hoschd du jo bis jetzt ned amol auf Deutsch saga könna!«

Corinna sitzt mit Tina im Wartezimmer beim Schul-Psychologen und fragt: »Warschd du scho mol bei dem?« Tina nickt eifrig: »Jo du, der ischd echt guad. Der sucht d Schuld emmer bei de Eltern!«

Auf dem Heimweg von der Schule überlegen sich Jan und Sven, was sie denn unternehmen könnten. Jan schlägt vor, eine Münze zu werfen. Bei Zahl geht es ins Schwimmbad und bei Kopf steht Fahrrad fahren auf dem Programm. Sven ist begeistert und meint: »Also, ond wenn dui Münze auf em Rand schdanda bleibt, machad mir Hausaufgaba!«

In der großen Pause tritt Nina ständig von einem Fuß auf den anderen. »Worom gohschd denn du ned aufs Klo, wenn du so dringend muaschd?«, fragt ihre Freundin verständnislos. Nina erwidert kopfschüttelnd: »Ha, i ben doch ned blöd ond gang jetzt en dr Pause!«

Niklas kommt zu spät in die Schule und erzählt, auf die Frage des Klassenlehrers nach dem Grund, sehr aufgeregt: »I ben von Räuber überfalla worda!« Der Lehrer ist entsetzt: »Was hod ma dir denn gschdohla?« Niklas: »Gott sei Dank bloß d Hausaufgaba!«

Ein Schüler schläft im Unterricht. Der Lehrer weckt ihn unsanft mit den Worten:»I kann mir ned vorstella, dass des dr richtige Schlofplatz ischd!« Darauf der Schüler:»Ach, s gohd scho, Siea müssdad hald bloß a bissle leiser schwätza!«

Der kleine Ben kommt aus der Schule nach Hause und erzählt, dass sie heute einen Spaziergang gemacht hätten:»Mir send mit onserer Lehrerin durch da Park schbaziert. Dort geganüber war a Haus, en dem die Mütter ihre Kinder gebärad. A Gebärmutter hot aus em Fenschter rausguckt ond ons zuagwonka.«

Niedergeschlagen sitzt der kleine Jörg bei seinem Klassenlehrer:»I glaub, maine Eltern mögad mi ned wirklich.«»Wie kommschd du denn jetzt ao do drauf?«, fragt der Pädagoge erstaunt.»Wo mir letschd Woch auf Klassafahrt warad, send se heimlich omzoga!«

Der Lehrer gibt die Hausaufgaben zurück. »Lea, du muaschd dain Aufsatz nomol schreiba, ond zwor so, dass des ao an Dommer vrschdoht.« Die Schülerin nickt bereitwillig:»Guad, Herr Lehrer, aber könndad Siea mir vorher saga, welche Passascha Siea do ned vrschdanda hend?«

Die Fahrschüler nehmen an einem Kurs in Erster Hilfe teil. Der Referent fragt am Schluss seines Vortrages:»Was würdad Sie denn macha, wenn ein Passant an Hitzschlag erlitta hod?« Eifrig antwortet Gerd:»I leg den en da Schatta ond mach ihn kalt!«

Der Deutschlehrer fragt seine Schüler: »Wie lautet die Zukunftsform von ›Ich stehle‹?« Niko streckt eifrig die Hand: »I komm ens Gfängnis!«

Der Lehrer fragt seine Erstklässler: »Wer kann mir a paar Tiernama saga?« Der kleine Nils, vor kurzem aus Norddeutschland zugezogen, zählt auf: »Häschen, Hündchen, Pferdchen ...« Der Lehrer unterbricht ihn: »Sag die Nama richtig, ohne des ›chen‹!« Worauf Nils weiter aufzählt: »Eichhörn, Kanin, Frett!«

Der Lehrer ist wütend: »Wer von euch aisieht, dass er an Dommkopf ischd, der soll jetzt aufschdanda.« Niemand rührt sich. Endlich steht Tobias auf. »Aha, wenigstens oiner von euch sieht des endlich ai.« Worauf der Schüler antwortet: »Eigentlich ned, Herr Lehrer, i hann bloß ned mit ahgucka könna, wiea Siea so alloi doschdandad!«

Im Deutschunterricht fragt der Lehrer einen Schüler: »Franz, sag mir doch bitte alle Zeitformen von ›Ich esse‹!« Franz zählt konzentriert auf: »Ich esse, ich aß, i hann gessa, i ben satt!«

Der Schularzt stellt die leutselige Frage an den kleinen Schüler: »So, Peterle, woischt denn du jetzt ao, gega was i di gimpft hann?« Erbost schaut ihn der Kleine an: »Klar, gega main Willa!«

Mitten in der Siegesfeier des örtlichen Fußballvereins gibt die Gattin des Schiedsrichters dem Mittelstürmer plötzlich eine kräftige Ohrfeige. Erstaunt fragt ihr Mann: »Was war denn do grad los?« Die Gattin erwidert: »Absichtlichs Handspiel em Strofraum!«

In der ersten Grundschulklasse schreibt der Lehrer 2 : 2 an die Tafel und fragt: »Woiß jemand, was des bedeutet?« Der kleine Kevin meldet sich und ruft eifrig: »Unentschieda, Herr Lehrer!«

Eine frisch ausgebildete Psychologin, die immer nur ihre Nase in den Büchern hatte, bekommt einen Job als Schulpsychologin. Gleich am ersten Tag sieht sie auf dem Schulhof einen Jungen, der nicht mit den anderen Jungs herumrennt, sondern allein herumsteht. Sie geht auf ihn zu und fragt fürsorglich: »Gohds dir guad?« »Jo.« »Ond worom saueschd du dann ned mit dene andere Buaba rom?« »Ha, weil i dr Torwart ben!«

Im Trainingslager wurde bei laufendem Betrieb eingebrochen. Der Kommissar fragt einen Marathon-Läufer: »Hend Siea denn ned vrsucht, den Kerle aizomhola?« »Ha natürlich!«, sagt der Sportler selbstbewusst. »I hann ihn sogar überholt ond ben en Führung ganga, aber wo i mi omdreht hann, war der weg!«

Der Platzordner sieht nach Ende des Fußballspiels einen Jungen über den Zaun klettern. Er brüllt: »Kannschd du denn ned do nausganga, wo du raikomma bischd?« Der Junge: »Mach i doch grad!«

»Hend Siea drei Sekonda Zeit?«, fragt ein Zuschauer den Schiedsrichter nach Spielschluss. Dieser nickt zustimmend. »No erzählad Siea mir amol ällas, was Se über Fußball wissad!«

Kasimir kommt völlig erledigt vom Hallen-Tennis zurück und keucht: »Mensch, ben i fertig heut von dem viela Rom- ond Nomrenna.« Seine Lebensgefährtin ist erstaunt: »Des hod dir doch sonst ned so viel ausgmacht?« »Normal scho, aber desmol hend mir bloß oin Schläger ghed!«

Ein Arzt und ein Jurist unterhalten sich auf dem Golfplatz. Der Arzt zum Juristen: »Wenn i privat Leut treff, wellad emmer älle an medizinischa Rotschlag von mir höra. Wiea gohschd du denn mit so ebbas om?« Der Jurist nickt verständnisvoll: »Schick oifach jedes Mol, wenn du an Rotschlag geba hoschd, a Arztrechnung. Du wirschd seha, des hört schlagartig auf!«

Eva lernt reiten und darf nach zwei Monaten schon über ein Hindernis springen. Aber das Pferd bleibt kurz davor stehen und schleudert Eva über die Hürde. Der Trainer beruhigt sie: »Na ja, für da Ahfang war des scho en Ordnung. Aber s nägschde Mol sollteschd du scho dain Gaul mit auf de ander Seit nemma!«

Zwei Jungs stehen nach einem Fußballturnier unter der Dusche: »Gib mir mol dai Shampoo, bitte!« »Ja, aber du hoschd doch deins glei neba dir?« »Jo, i woiß, aber do schdoht ›für trockenes Haar‹ drauf, ond mains ischd doch scho nass!«

Die Mutter eines Fußballspielers ist eine sehr gläubige Frau. Schon lange ist sie unsicher, ob es eine Sünde ist, wenn ihr Sohn am Sonntag Fußball spielt. Schließlich geht sie zum Pfarrer und fragt ihn um Rat. Der Gottesmann antwortet: »Guada Frau, ned dass er spielt, ischd a Sünde, sondern wie er spielt!«

Neulich in der Notaufnahme der Sportambulanz. Der Chefarzt stürmt herein: »Wer wird denn jetzt operiert?« Die Sprechstundenhilfe: »Der Ma do drüba. Er hod an Golfball vrschluckt.« »Ond was will der andere Kerle do neba ihm?« »Weiterspiela, Herr Chefarzt!«

Der kleine Sohn fragt seinen Vater: »Du, Baba, wieso gibts eigentlich so wenig Fraua-Fußballverei?« Der Vater spontan: »Woischd, Bua, s Problem ischd, elf Fraua zom fenda, diea älle des Gleiche ahzieha wellad!«

Beim Duschen nach dem Fußballspiel fragt Finn seinen Sportkameraden: »Wieso hoschd denn du eigentlich koi Tattuu?« Der Kumpel schaut ihn selbstbewusst an und erklärt: »Ja dädeschd denn du an Sticker auf an Ferrari kleba?«

Während der Halbzeitpause spricht der Fußballtrainer zu seiner Mannschaft: »Buaba, i ben wirklich ned abergläubisch, aber dass mir zur Halbzeit dreizehn zu null zrückliegad, gibt mir doch a bissle zu denka!«

Der Fußballtrainer unterhält sich mit dem neuen Spieler: »Mit dainer broita Brust bischd du genau dr Richtige für onser Team.« Überrascht fragt der junge Mann nach: »Ischd denn ned ao wichtig, dass i guat spiela ka?« »Noi. Hauptsach, dui Werbefläche ischd groß gnuag!«

Der Bankvorstand hat vom Aufsichtsrat zum Ruhestand einen Satz Golfschläger geschenkt bekommen. Der Golflehrer weist ihn auf dem Golfplatz ein und fordert ihn auf: »So, jetzt schlagad Se amol den Ball en d Richtung von der Fahne do beim erschda Loch.« Der Banker schlägt den Ball bis kurz vor das Loch. »Ond jetzt?«, fragt er den völlig verblüfften Golflehrer. »Ähm, jetzt müssad Se den Ball no ens Loch befördera.« »Worom hend Sie mir denn des ned glei gsagt?«

Eine ältere Dame sieht sich einen Boxkampf an. Ein Boxer geht zu Boden und der Ringrichter beginnt ihn anzuzählen. Da flüstert sie ihrer Sitznachbarin zu: »Der schdohd ned auf, den kenn i von dr Stroßabah!«

Der Hundertjährige wird von einem Journalisten gefragt, worauf er denn sein hohes Alter und das außerordentlich gute körperliche Befinden zurückführe. Der Jubilar erläutert: »An onserer Hochzeit hod mir dr Pfarrer den Rot geba, i soll jedes Mol, wenn an Streit droht, a baarmol om da Wohnblock renna. Ond der Sport hod siebzig Johr lang wahre Wunder für mai Gsondheit bewirkt!«

Der Boxweltmeister nimmt seine erste Schallplatte auf. Entsetzt sagt der Tontechniker zum Produzenten: »Der ka jo überhaupt ned senga!« Betrübt nickt dieser: »Schdemmt, aber sagad Sie ihm des doch amol!«

Zwei Boxer stehen sich im Ring gegenüber. Kurz bevor der Kampf beginnt, wendet sich der Trainer an seinen Schützling und flüstert: »I hanns dir eigentlich ned vrzehla wella, aber letschd Woch hann i dain Gegner mit dainer Frau en ma Hotelzemmer vrwischt!«

Es schüttet drei Tage wie aus Eimern. Mit langen Gesichtern betreten die Fußballspieler den überschwemmten Platz. Bevor der Schiedsrichter das Spiel anpfeift, meint er: »Also, ihr vom FC hend da Ahstoß, drfür schbielad de andere mit dr Strömung!«

Nach einem offensichtlichen Foul schreit der Spieler laut: »Der Schiedsrichter ischd doch blend!« Darauf kommt der Schiri zu diesem Spieler gelaufen und fragt ihn: »Wie war des grad eba?« Der Spieler ergänzt: »Ond taub ischd er ao no!«

Zwei Verletzte werden im Krankenhaus zusammen in ein Zimmer verlegt. Der eine stellt sich vor: »I hoiß Maier, ben Buchhalter ond hann an Vrkehrsohfall ghed!« Brummt der andere verdrießlich: »Ond i hoiß Weber, ben Schiedsrichter ond hann an Elfmeter pfiffa!«

Ein Fußballtrainer hält nach einem katastrophalen Spiel seiner Mannschaft eine Grundsatzrede in der Kabine. Er hält den Ball hoch und sagt: »Männer, mir müssad ganz von vorna ahfanga! Des dohanna ischd an Ball!« Schweigen. Dann meldet sich einer von ganz hinten und sagt: »Könndad Siea ihn bitte nomol zeiga?«

Im Fußballcamp. Theo hat mit seinen Kumpels einen draufgemacht. Sein Kamerad weckt ihn und sagt: »Du liegschd jo falsch rom em Bett.« Da stöhnt Theo: »Ben i froh, no dend mir bloß d Füß weh, ond i hann scho denkt, es wär main Kopf!«

Nach dem Wettbewerb ruft der Trainer seine Schwimmstaffel zu sich ins Büro. Er denkt kurz nach und dann beginnt er zu reden: »I will amol mit em positiva Ergebnis ahfanga! Wenigschdens ischd niemand vrsoffa!«

Während eines Fußballspiels sitzt der Trainer hektisch auf der Bank. Plötzlich springt er auf und ruft seinen Spielern zu: »Wieso kommt der Gegner so frei zom Schuss?« Ein Spieler ruft genervt zurück: »Des ischd doch an Elfmeter!«

Das Fußballmatch ist vorbei und der Fußballstar kommt nach Hause. Seine Frau fragt:»Na, wiea war des Spiel heut?«»Es war ein Wahnsinnsspiel! I hann älle vier Tor gschossa!«»Toll!«, freut sie sich.»Ond, wiea ischd des Spiel ausganga?«»Zwoi zu zwoi!«

Der Trainer lässt die Mannschaft nach mehreren verlorenen Fußballspielen vollzählig antreten und brüllt:»Ab sofort kommd noch jedem Training no an Waldlauf mit mindeschdens zwoi Schdond drzua! Ond zwor gibt dr Langsamschde, also dr Maiers Franze, s Tempo ah!« Alles freut sich, bis er hinzufügt:»Aber der derf natürlich sai Moped nemma!«

Maximilian erzählt am Stammtisch: »Heut Nacht om halb zwoi ischd plötzlich a Polizeistreife hender mir aufdaucht. I ben natürlich gfahra, wie wenn i drei Fahrschulprüfer em Auto hocka hedd. 60, 50 ond 30 genau noch Vorschrift! Dann kam von dene d Lichthupe ond dui Leuchtschrift ›Polizei halt‹! No send se ausgschdiega, zwoi Jonge, hend ihr Hos naufzoga ond ihr Kapp aufgsetzt. No hann i gfrogt: ›Wiea hedd i fahra solla, dass Sie mi ned ahhaldad?‹ No hod oiner von dene gmoint: ›Des ischd onser Sach!‹ No ischd mir aber dr Kamm gschwolla, ond i hann gsagt: ›So, ischd ma bockig, weil euch d Mamma boide gleich ahzoga hod?‹« Dann fügt er noch hinzu: »Des könnad ihr aber bloß macha, wenn ihr nix tronka hend!«

Hans-Dieter fragt in die Stammtischrunde: »Wissad ihr eigentlich, worom Männer Fraua en Lack, Leder ond Gummi so erregend fendad?« Allgemeines Kopfschütteln. Da erklärt der Fragesteller: »Weil se riechad wiea a neus Auto!«

Der psychologisch geschulte Oberlehrer Fischer gibt wieder einmal am Lehrerstammtisch den Besserwisser: »Maine Herra, es ischd völlig sinnlos, sai innera Wahrnehmung durch bewusste visuelle Reize zu stimuliera. Indem mr zom Beispiel des Fotoalbum von dr Hochzeit von henda noch vorna ahguckt ond dieses unwahrscheinliche Gefühl genießt, als freier Mensch des Standesamt wieder zu vrlassa!«

»I hann viele atemberaubende Fraua ghed!«, prahlt Heinz am Stammtisch. Sein Nebensitzer Gerd nickt: »Des klingt scho besser, wiea wenn du gsagt häddeschd, dass du se selber hoschd aufblosa müssa!«

Bernd doziert am Stammtisch: »Der Ma, der nix secht, wenn er merkt, dass er Ohrecht hod, ischd weise. Der Ma aber, der schweigt, obwohl er genau woiß, dass er Recht hod, ischd vrheiradad!«

Am Stammtisch wird debattiert, wie oft man eine gewisse Tätigkeit im Bett in der Woche ausführt. Bis auf Eugen weiß jeder eine Zahl zu nennen. Alles fokussiert sich nun auf den Eugen. Der meint nun lakonisch: »Oh wissad er, dui Woch gohd ao so rom!«

Am Stammtisch erklärt Holger den anwesenden Zechkumpanen: »Also, wenn i oi Sach von maim Vatter glernt hann, no ischd es des, dass mr a Frau niea onderbrecha soll, wenn se grad nix schwätzt!«

Maximilian sitzt in der Stammtischrunde und erzählt sehr nachdenklich: »Mainer Freundin ischd Treue total wichtig! Jetzt mainer Geliebta ned so. Es ischd scho witzig, wiea onderschiedlich Schwestera sai könnad!«

Unterhaltung am Stammtisch: »Willi, dai Frau ischd jo fenfazwanzig Johr älter als du. Wiea hod denn des bassiera könna?« »Durch an Irrtum. I hann eigentlich om d Hand von ihrer Tochter ahhalta wella, aber se hod mi oifach ned zu Wort komma lassa!«

Gernot erzählt beim Skat am Stammtisch: »Gestern Nacht ben i aufgwacht ond hann gseha, wiea ebber mai Briefdasch plündert. I hann sofort zo maim Revolver griffa, hann aber dann doch ned gschossa!« Atemlos haben die Skatbrüder seiner Erzählung gelauscht. Dann fragt einer: »Ja, worom hoschd denn du ned gschossa?« »Ha, no wär i jo jetzt Witwer!«

Am Stammtisch kommt die Frage auf: »Wo schaffscht denn du jetzt, Wolfi?« Er erklärt: »En dr Autofabrik.« Nachfrage: »Am Band?« Wolfi schüttelt den Kopf: »Noe, mir dürfad frei romlaufa!«

Am Stammtisch gibt Felix seinen Kumpeln bekannt: »I kauf jetzt bloß no diea gsonde Wasser, mit so Zusätz drenn!« »Ond des wärad?«, will einer wissen. »Ha, zom Beispiel diea mit Hopfa ond Gerste!«

Am Stammtisch wird debattiert. Julius wettert: »Früher, wo i Kend war, hend maine Eltern emmer gsagt: ›Iss dain Deller leer, sonschd scheint morga koi Sonn!‹« Simon nickt bestätigend: »Ond heut hend mir dicke Kender ond a globala Erderwärmung!«

Der etwas unterbelichtete Norbert berichtet am Stammtisch: »Main Chef hod an dr Weihnachtsfeier zo mir gsagt, i soll ao ordentlich zuaschlaga. No hann em i oina aufs Maul ghaua. Jetzt war des ao wieder ned richtig!«

Julius setzt sich freudig lächelnd zu seinen Kameraden an den Stammtisch und verkündet: »I hann grad mai Sieben-Tage-Fasten-Programm beendet!« Sein Kumpel Frederik zeigt sich überrascht: »Ja, sag mol, machschd denn du des ned erscht seit geschdern?« Julius: »Jo scho, aber i hann des hald schneller durchzoga!«

Heiner schwärmt am Stammtisch: »Sagad mol, kennt ebber von euch a Frau, bei der du scho am ganza Körper zitterschd, wenn se di berührt?« Klaus nickt: »Klar, mai Zahnärztin!«

Dieter fragt seinen Kollegen Walter: »Worom bischt denn du geschtern so bald von onseram Stammdisch abghaua?« »Was hoißt do abghaua?«, empört sich dieser. »Ihr send sang- ond klanglos vrschwonda. Mi hod d Putzfrau heut Morga onderm Tisch gweckt!«

Am Stammtisch sitzen vier Schwaben und schimpfen so ziemlich über alles. Von der Landesregierung über die hiesige Wirtschaftslage bis hin zum Kantinenessen. Da wendet sich ihnen ein Japaner vom Nebentisch zu und sagt: »Siea, wenns Ihne en onserm schöna Württaberger Ländle ned gfällt, no wandrad Se doch oifach aus!«

Der Stammtischbruder fragt teilnahmsvoll seinen Zechkumpan: »Was hod denn dai Frau gsagt, wo du s letschde Mol so schbät hoimkomma bischd?« »Eigentlich ned viel«, beruhigt er ihn, »ond diea drei Zähn hann i sowieso zieha lassa wella!«

Am Stammtisch wird über den abwesenden Daniel debattiert. »Also, ma ka über den saga, was ma will«, philosophiert einer, »aber er ischd an echter Kavalier!« »Ond wiea kommschd jetzt ao do drauf?«, fragt einer. »Wenn sai Frau da Rasa mäht, trägt er ihr emmer an Sonnaschirm hendadrai!«

Am Stammtisch erzählt ein Tourist einen Witz nach dem anderen. Nur einer sitzt da und verzieht keine Miene. Ein Zechgenosse fragt ihn leise: »Was hoschd du denn?« »I mag den ned. I lach erscht, wenn der wieder fort ischd!«

Am Stammtisch wettert Walter: »Ma sodd älle Ärzt en an Schönschreibkurs schicka! Heut hann i von maim Dokter a Rezept krieagt, des ka koi Sau lesa!« »Sei doch froh!«, wendet Jan ein. »I ben mit em letschda Rezept a Johr lang omsonscht Zug gfahra ond jetzt hend se mir do drfür sogar no mai Rente bewilligt!«

Peter erscheint mit einem blauen Auge bei seinen Stammtischbrüdern. »Hoi, was ischd do bassiert?«, will Herbert wissen. »I hann ra Frau aus em Wasser gholfa!« »Ond do drfür schlägt se di?« »Noe, dui ned, aber mai Frau ischd grad ens Badezemmer raikomma!«

Nach dem Stammtisch nimmt Heiner seinen Freund noch mit in die Wohnung zu sich. Während er in der Küche das Bier aus dem Kühlschrank holt, wirft der Freund einen kurzen Blick ins Schlafzimmer. Entsetzt kommt er angelaufen und sagt: »Du, Heiner, do liegt oiner bei deiner Frau em Schlofzemmer!« Da flüstert Heiner ängstlich: »No sei jo leise, mir hend nemlich bloß no zwoi Flascha Bier do!«

Gernot fragt den am Stammtisch sitzenden Wilhelm, der nicht gerade mit überdurchschnittlicher Intelligenz gesegnet ist: »Wiea viel Oier ka ma auf nüchterna Maga essa?« Wilhelm überlegt lange und sagt dann: »Vielleicht drei?« »Noe, bloß oins, weil du drnoch nemme nüchtern bischd!« Wilhelm brüllt vor Lachen. Da setzt sich der Heinz zu ihnen und Wilhelm stellt ihm ebenfalls diese Frage. Heinz vermutet, dass es fünf Eier sind. Da zuckt Wilhelm enttäuscht die Schultern und meint: »Schad, wenn de ›drei‹ gsagt heddeschd, hedd i an guada Witz gwisst!«

Am Stammtisch erzählt Gregor: »Emmer, wenn i a domms Gsicht sieh, muass i furchtbar lacha.« »Ach du lieabe Zeit, nai«, bedauert einer seiner Zechkumpane, »ond wie rasierschd du di no?«

Ein Landwirt erzählt am Stammtisch: »Geschdern ben i mit maim Traktor en a mobila Radarfall naigfahra!« »Ond, hods blitzt?«, will einer der Zecher wissen. »Noe, aber gscheppert!«

»I vrdreh jeder Frau da Kopf!«, prahlt Siegfried in seiner Stammkneipe. »Des ischd mir klar«, meint einer seiner Zechkumpane, »wenn du a Frau ahlachschd, dreht se sofort da Kopf auf d Seit!«

Der Stammtischkollege meint verständnislos: »Hermann, du willschd doch ned wirklich dai Ex-Frau wieder heirata?« »Doch, aber sicher! I hann dera bei dr Scheidung so viel Geld zahla müssa, dass se jetzt a richtig guada Partie ischd!«

Interessiert fragt der Stammtischkumpel den Albert: »Hoschd du dainer Frau ao scho amol richtig d Moinung gsagt?« »Ja klar«, nickt der eifrig, »willschd du diea Narba seha?«

Die Ehefrau heult. Der Mann fragt erschrocken, was denn los sei. Sie schluchzt: »Du hoschd gsagt, i könn ned kocha!« Er verneint mit energischer Stimme: »Des stemmt ned! I hann bloß gsagt, dass onser Hond dr oinzige em ganza Dorf ischd, der am Disch ned bettelt!«

Hermines kleiner Welpe fraß alles, was er erwischte: Socken, Rechnungen, Klopapier. Doch als er eines Tages eine Flasche Frostschutzmittel schlürfte und als Nachtisch eine Garnrolle verschluckte, bringt sie den Kleinen zum Tierarzt. Dieser schimpft Hermine tüchtig aus, weil sie den Hund nicht besser beaufsichtigen würde. Dann pumpt er ihm den Magen aus und hängt ihn noch einige Zeit an den Tropf. Plötzlich kommt der Tierarzt ins Wartezimmer gestürzt und entschuldigt sich bei Hermine: »Jetzt ka i Sie vrstanda, er hod grad main Tropf gfressa!«

Vorsichtig fragt der Wanderer: »Lässt Ihr Hond ao an Fremda an sich na?« Der Hundebesitzer nickt freundlich: »Ha klar, wie soll er denn sonschd zuabeißa könna!«

Der Kunde möchte gerne diesen besonders hübschen, bunten Papagei kaufen. »Wiea viel koschdad der denn?«, fragt er den Verkäufer. »Au Siea, der ischd so arg sensibl, do muass i Siea bitta, mit ihm selber über da Preis zom vrhandla!«

Interessiert fragt ein Passant den Hundehalter: »Was ischd jetzt ao des für an Hond?« Stolz gibt dieser zur Antwort: »An Polizeihond.« »Hoi, der sieht aber gar ned so aus!« »Soll er ao ned. Er ischd jo bei dr Kriminalpolizei!«

Siegbert kommt in ein Fischgeschäft. »I möcht gern fenf wunderschöne, große ond frische Forella. Ond dann hedd i no oi Bitte, dass Siea mir diea Fisch über d Theke schmeißad. Wissad Se, no ka i ehrlich zo mainer Frau saga, i hätt se gfanga!«

Der Vorsitzende der Prüfungskommission für angehende Jäger stellt dem Kandidaten die Frage: »Wiea viele Frischling ka a Wildschwein werfa?« Der Prüfling fragt zurück: »Moinad Siea jetzt, wie hoch oder wie weit?«

Ein Wellensittich ist bei der Käfigreinigung entflogen. Die Mutter gesteht dieses Unglück ihrem kleinen Sohn. Doch der reagiert relativ gelassen: »I hedds merka könna. Der ischd mir emmer so interessiert auf dr Schulter gsessa, wenn i Erdkunde glernt hann!«

Der kleine Andy sagt zu seiner Mutter: »Jetzt hann i grad sieba Mugga heegmacht. Vier Weibla ond drei Männla!« Irritiert schaut ihn die Mutter an: »Woher woischd du denn, dass des Weibla ond Männla warad?« »Ha, des ischd doch klar!«, grinst der Sohnemann. »Drei send an dr Bierflasch ghangt ond vier am Spiegl!«

Herr Keuler stürmt in die Hundeschule und brüllt wütend los: »Ihr ganzer Onderricht daugt nix! Des war nausgschmisses Geld!« Der Besitzer fragt erstaunt, wie er denn zu dieser Einsicht komme. Da dröhnt der Mann weiter: »Der Hond hod heut Nacht so laut bellt, dass i den Aibrecher überhaupt ned ghört hann!«

Drei Vogelkundler treffen sich vor einem Wettbewerb. Einer davon erzählt: »I hanns zom erschda Mol gschafft, an Specht mit ra Brieftaub zom kreuza!« Die anderen sind begeistert. »Ond was ischd do drbei rauskomma?« »A Taub, dui ahklopft, wenn se ihren Brief brengt!«

»I hann main Dackl so erzieha wella, dass er bellt, wenn er sai Essa hann will. Über hondert Mol hann ihs ihm jetzt scho vorgmacht!« »Ond? Bellt er jetzt, wenn er Honger hod?« »Noi, aber er frisst nix meh, wenn i ned vorher bell!«

»Könndad Siea bitte den Hond streichla?«, fragt der kleine Moritz eine Fußgängerin. »Aber sicher, du bischd wohl arg stolz auf dain Hond?«, sagt die Dame, während sie das Tier streichelt. Der Junge wehrt ab: »Noe, des ischd gar ned main Hond. I hann bloß wissa wella, ob der beißt!«

Das Ehepaar sitzt beim Essen. Er schiebt seinen Teller dem Hund zu. »Aber Eberhard«, meint sie vorwurfsvoll, »du willschd doch wohl ned dai Essa em Hond geba?« Er schüttelt mürrisch den Kopf: »Noi, i will bloß dauscha!«

Die Büroangestellte vom Reiterhof fragt den Stallburschen: »Ischd dr Chef von saim Morgaritt scho zrück?« Der junge Mann zuckt die Schultern: »Bis jetzt no ned, aber s ka nemme so lang daura, sain Gaul ischd scho do!«

Ein Gast wird beim Essen in einem Landgasthof etwas ängstlich und ruft: »Herr Ober, der Hond starrt mi dauernd so bös ah!« Meint der Kellner schulterzuckend: »Des ischd koi Wonder, Sie essad jo schließlich ao von saim Deller!«

Eine Dame mittleren Alters sagt zu ihrer Freundin: »Du, i glaub, maine donkle Augareng werdad emmer schlemmer.« Erstaunt kommt die Rückfrage: »Wiea kommschd denn jetzt ao do drauf?« »Weil mir geschdern em Zoo sogar an Pandabär hendadraipfiffa hod!«

Zwei Jäger sitzen auf dem Hochsitz. Ein Rehbock erscheint auf der Lichtung. »So«, sagt der eine Jäger, »der Bursche ka sai Testament macha!« Der Schuss kracht, der Bock springt unverletzt in die Büsche und entschwindet. Da sagt der andere Jäger: »Der sauad jetzt beschdimmt zom Notar!«

Der Baron schießt auf der Fasanenjagd daneben und fragt seinen Jäger: »Hann i drnebagschossa?« Der Jäger schüttelt den Kopf: »Niemols, Herr Baron, Sie hend sich lediglich drzua entschieda, den Fasan zu begnadiga!«

Aus dem Zirkus ist ein Löwe ausgebrochen. Frau Maier kommt völlig aufgelöst zu ihrem Mann ins Wohnzimmer gelaufen: »Manfred, der Löwe ischd grad ens Haus von mainer Mutter naiglaufa!« Ihr Mann erwidert jedoch völlig unbeeindruckt: »Jo, ond? Der soll doch selber gucka, wie er do wieder heil rauskommt!«

Der kleine Marc kauft alle paar Tage in der Apotheke ein Schlankheitsmittel. Eines Tages fragt ihn der Apotheker: »Ischd des älles für dai Mama?« »Noi, für maine Hasa! Main Vatter hod nämlich gsagt, wenn se fett gnug send, werdad se gschlachdad!«

Zwei Damen stehen im Supermarkt in der Schlange vor der Kasse und unterhalten sich. »Was macht ao Ihr Ma, jetzt, wo er Rentner ischd?« »Er züchdad Hasa.« »Hoi, vrschdohd er denn ebbas von dr Hasazucht?« »Noe, er ned, aber saine Hasa!«

Ein kleines Mädchen kommt in eine Zoohandlung und sagt: »I möcht gern an Hasa.« Der Zoohändler meint wohlwollend: »Möchdeschd du des kleine süaße, braune Häsle mit dene große Auga oder den wuscheliga, flauschiga weiß Hasa?« Das Mädchen zuckt mit den Schultern: »I glaub, des ischd mainer Python egal!«

»I wünsch mir nix sehnlicher als an Hond!«, beklagt sich die kleine Leonie bei ihrer Schulfreundin, »aber mai Mama lässt koin ens Haus!« »Ond dain Vatter?« »Ha, der derf natürlich rai!«

Sven schenkt seiner kleinen Schwester ein Schokoladenei. Neugierig fragt er sie: »Schmeckts?« »Jo, prima, danke. Worom frogschd du denn?«, will die Kleine wissen. »Ha, weils dr Nochberhond vorher ausgschbuckt hod!«

Familie Biederer sitzt am Sonntag zum Mittagessen am Tisch. Die Mutter will sich das erste Stück von ihrem Kotelett abschneiden, da rutscht es ihr weg und fällt auf den Boden. Sofort springt der Hund auf und verschwindet unter dem Tisch. »Oh je, mai schees Kotlett!«, jammert sie. Worauf der Vater sie beruhigt: »Der kommt ned nah. I schdand mit em Schuha drauf!«

Ein Spaziergänger schaut einem Angler zu. Nach einer Weile fragt er freundlich: »Beißad d Fisch?« Der Angler schüttelt den Kopf: »Noe, Siea könnad se ruhig streichla!«

Zwei Lausbuben aus Stuttgart machen mit ihren Eltern Urlaub auf einem Bauernhof. Sie beobachten fasziniert, wie der Bauer eine Kuh melkt, während sie aus einem Wasserkübel trinkt. Das wollen die beiden auf der Weide auch ausprobieren. Einer hält der Kuh den Kopf in den Bach und der andere melkt. Plötzlich lässt die Kuh einen Fladen fallen. Da brüllt der Melker: »Schnell, heb den Kopf höher, dui Kuha zieagt scho Grond!«

»Was ischd denn mit Ihrem Kater los?«, fragt die Gartenbesitzerin den Nachbarn, »der sauad jo wiea verrückt durch sämtliche Gärta!« »Ach, wissad Se«, erklärt der Nachbar schmunzelnd, »i hann ihn gestern kastriera lassa, ond jetzt secht der wahrscheinlich älle Termine wieder ab!«

Der Patenonkel sorgt sich um die Bildung seines Schützlings. Er fragt ihn: »Zu welcher Familie ghörad die Wale?« Der Patensohn zuckt gleichgültig die Schultern und sagt: »Ehrlich, Onkel Herbert, i kenn überhaupt koi Familie, wo Wale hod!«

URLAUB

Zwei schwäbische Urlauber unterhalten sich: »Furchtbar! Der Strand dohanna ischd jedes Johr emmer no mehr überlaufa!« »Jo, do hend Se recht! Mir hend ons heut sogar mit ra Reihasandburg zfriedageba müssa!«

Der Feriengast hinterlässt einen Zettel für die Pensionswirtin: »Heute Nacht haben in meinem Zimmer zwei Mäuse gekämpft!« Als er am Abend wieder in der Pension ankommt, steht die Inhaberin gerade vor der Tür: »Sie hend bei maine Preis doch ned wirklich an Stierkampf erwardad?«

Ein Schwabe liegt am Nordseestrand in der Sonne und schläft. Ein kleiner Junge kommt mit seiner Eistüte vorbei und ein wenig Vanilleeis tropft davon auf den Bauch des Mannes. Der schreckt hoch, schaut auf seinen Bauch und sagt vor sich hin: »Heidawedder aber ao! Dui Möwe muass direkt aus Alaska komma sai!«

Der norddeutsche Wirt zu seinem Feriengast: »Also, Ihrem Dialekt nach sind Sie Schwabe.« »Jo, des schdemmt«, nickt der Urlauber, »ond Ihre Floischküchla noch send Siea Bäcker!«

Der Wirt fragt geflissentlich den schwäbischen Gast: »Wie schmeckt Ihnen denn unser Moselwein?« Dieser wiegt bedächtig den Kopf: »Also, für main Gschmack ischd a bissle zu viel Mosel dren.«

Herr Scheuerle will am Bodensee seinen Urlaub verbringen. Er verhandelt mit dem Gastwirt wegen des Zimmerpreises. »Also, hondertfuffzig Euro send mir oifach zviel für des Zemmer!« »Aber drfür hend Se ao an traumhafta Blick auf da Bodasee!«, gibt der Wirt zu bedenken. Herr Scheuerle schaut ihn treuherzig an: »Ond wenn i Ihne vrsprech, dass i ned nausguck?«

Sommerurlaub am Bodensee. Ein kleiner Junge nähert sich im Strandcafé einem gut aussehenden, gepflegten Mann mittleren Alters und fragt: »Send Siea alloi do?« »Jo.« »Ghört der Jaguar dohenda Ihne?« »Jo.« »Send Siea vrheiradad?« »Noe.« Da dreht sich der Kleine um und brüllt: »Mama, was soll i no froga?«

Herr Holzer schlägt seiner Frau vor, doch den nächsten Urlaub in der Karibik zu verbringen. »Bischd denn du vrrückt!«, keift sie los. »Was soll i denn bei dene Menschafresser?« »Wie kommschd denn du do drauf, dass des Menschafresser send?«, will ihr Mann erstaunt wissen. »Ha, weil en dem Reiseproschpekt schdohd, dass diea Inselbewohner hauptsächlich von de Tourischda lebad!«

Tina hat bei einem Wochenendausflug einen sympathischen jungen Mann kennen gelernt, der sie unbedingt mit ins Hotelzimmer begleiten will. »Wenn du am Nachtportier vorbeikommschd, derfschd du mi bsuacha!«, lächelt Tina. Da grinst der junge Mann zurück: »Super, i ben nemlich dr Nachtportier!«

»Na, wie wars en Ihrem Kurzurlaub am Bodasee?«, fragt der Hausmeister die flotte Edith bei ihrer Rückkehr. »Ha jo, i hann mi hald äll drei Stond aiöla müassa!« »Aber bei ons hods doch gregnad!« »Bei mir ao. I hann des hald gmacht, dass s Regawasser besser ablauft!«

Man plaudert mit dem Besuch über den letzten Urlaub. Plötzlich grübelt der Hausherr. »Du, sag mol, Schatz, wiea hod jetzt des Hotel ghoißa, wo mir warad?« Die Ehefrau schüttelt den Kopf: »Des woiß i jetzt ao nemme, aber i guck gschwend auf de Handtücher noch!«

Familie Ziefle kommt aus dem Urlaub zurück und wird an der Grenze angehalten. Ein Zollbeamter schaut zum Wagenfenster herein und fragt: »Kaffee, Zigaretten, Alkohol?« Da ruft Frau Ziefle vom Beifahrersitz aus: »Des ischd aber nett! I däd an Becher Kaffee trenka ond de Kender brengad Se bitte a Fanta!«

Am Anfang eines längeren Auslandsurlaubs passiert es, dass Frau Habicht den Unterkiefer nicht mehr bewegen kann und kein Wort mehr herausbringt. Entsetzt fuchtelt sie mit den Händen. Ihr Mann beruhigt sie: »Sobald mir wieder drhoim send, muaschd hald drnoch gucka lassa!«

Frau Müllerschön steht am Flug-Abfertigungsschalter nach Mallorca und sagt zu der Angestellten: »Könndad Sie bitte dui Reisetasche noch London schicka ond main Koffer noch Rom?« Verwundert schüttelt die junge Dame den Kopf: »Des kann i ned macha!« »Komisch«, wundert sich Frau Müllerschön, »letschdes Johr ischs doch ao ganga!«

Auf dem Flug in den Urlaub gerät die Maschine unvermittelt sehr stark ins Trudeln. Herr Bäuchle ruft entsetzt aus: »I glaub, mir stürzad ab!« Worauf seine Gattin keift: »I war jo sowieso drgega, dass du den Rückflug ao glei zahlschd!«

Ein schwäbischer Landwirt kommt mit der Bahn nach Berlin, schleppt seinen Koffer zu einem Taxistand und fragt nach dem Fahrpreis zu seinem Hotel. Der Betrag von 20 Euro wird ihm genannt. Dann erkundigt er sich, was denn sein Gepäck kosten würde. Das wäre natürlich frei. »Also«, sagt er zufrieden, »no fahrad Siea mai Gepäck ens Hotel ond i komm z Fuaß noch!«

Herr Bäuerle macht in einem alten Schloss Urlaub. Nachts muss er dringend austreten. Auf dem Flur trifft er ein Gespenst, das ihm erzählt, seit über fünfhundert Jahren hier zu spuken. »Au super«, freut sich der Schwabe, »no wissad Sie doch ao sicher, wo s nägschde Klo ischd!«

Frau Maier kommt aus dem Urlaub zurück. Stolz erzählt sie ihrer Nachbarin: »Du kannschd dir ned vorstella, wie i omschwärmt worda ben!« »Oh doch, guad!«, nickt die Nachbarin. »Mir hend drhoim ao so a furchtbara Schnokaplog ghed!«

Gespräch beim Kaffeekränzchen: »Was, ihr fahrad jetzt no en Urlaub? Wo gohds denn na?« Die angesprochene Dame verkündet stolz: »Mir hend a Pauschalreise buacht!« »Ah ja, es soll jo em Herbscht sehr schö sai auf de Pauschala!«

Manfred fährt in den Schiurlaub. An einer Tankstelle kurz vor der Autobahn will er noch einmal tanken. Der Tankwart lehnt an der Zapfsäule und erklärt: »Sie send dr Letschde, der no zom alda Preis tankt!« Manfred bedankt sich für den Tipp und bittet den Mann, voll zu tanken. An der Kasse fragt er dann, wie denn der neue Preis lautet. Der Tankwart lächelnd: »11 Cent weniger!«

Ein Ehepaar ist zum ersten Mal an der Nordsee. Er fragt sie: »Na, was sechschd zo dem Ahblick?« Sie antwortet mit versagender Stimme: »Des macht mi echt sprachlos.« Er ruft spontan: »Ha, woischd was, no könndad mir doch vier Wocha dobleiba!«

Herr Müllerschön spricht die Strandkorbnachbarin am Badestrand an: »Hend mir ons ned amol vor neun Johr auf Ibiza gseha?« Da dreht sich die Dame um und ruft: »Kevinle, komm mol her, do ischd dain Vatter!«

Nach ihrem vierwöchigen Urlaub auf Teneriffa holt der Sohn seine Mutter am Flughafen ab. Sie erkundigt sich, ob zu Hause alles in Ordnung sei. Da meint der Sohnemann sarkastisch: »Leider warad daine Pflanza ned arg kooperativ!«

»So, Frau Nochber, Sie warad en Norwega. Hend Se dann ao diea Fjorde gseha?« Eifrig nickt die Urlauberin: »Ha, natürlich hann i diea gseha, obwohl diea jo so was von scheu send!«

Familie Haller verbringt ihre Ferien auf dem Bauernhof. Eines Nachts erwacht Herr Haller, zieht die Schuhe an und geht vors Haus. Nach einer Weile kommt er mit nassen Schuhen wieder herein. »Regnads draußa?«, fragt seine Frau. »Noe«, meint ihr Mann, »aber s gohd an arger Wend!«

Ein Urlauber trägt sich ins Hotelbuch ein. Als er hinter dem Namen eines anderen Gastes die Abkürzung »MdB« sieht, fragt er den Portier: »Was hoißt denn des?« Dieser klärt ihn auf: »Mitglied des Bundestages.« Daraufhin schreibt der Gast hinter seinen Namen die Buchstaben »MdO«. Neugierig fragt ihn der Portier: »Ond was hoißt denn des jetzt?« Schmunzelnd erklärt ihm der Urlauber: »Des hoißt: ›Mitglied der Ortskrankakass‹!«

Der schwäbische Reiseführer schreit am Rheinfall von Schaffhausen: »Wenn diea Dama ond Herra an Augablick still wärad, könnt ma des gewaltige Rauscha ond Tosa von dem Wasserfall höra!«

Ein Abbruchunternehmer macht Urlaub in Rom. Gedankenverloren steht er vor dem Kolosseum. »Na, wie gfällts dir?«, fragt ihn seine Frau. Beeindruckt dreht er sich um und stöhnt: »Mensch, des wär an Auftrag!«

Herbert fragt seinen Kollegen Robert: »Na, wie war dain Urlaub en England?« »Recht entressant. I woiß jetzt endlich, worom d Engländer so fanatische Teetrenker send.« »Ond worom?« »I hann ihren Kaffee probiert!«

Das Ehepaar Mistele ischd zum ersten Mal auf Urlaub in Ägypten. Sie gehen auf einem Basar spazieren. Da kommt aus einem Geschäft ein Araber mit einem Teppich und schüttelt ihn aus, um ihn vom Sand zu befreien. Da sagt Herr Mistele mitleidsvoll: »So, sprengt er ned ah, weil er Sand em Getriebe hod?«